JN089483

DONALD K. MCKIM

カルヴァンと共に祈る日々

ドナルド K. マッキム

原田浩司 訳

❖

EVERYDAY PRAYER
with
JOHN CALVIN

一麦出版社

献呈の辞

ウェストミンスター・カレッジ時代の友人,
ブライス・クレイグ
マイク・ルードン
トム・マクグラスへ.
わたしたちの友情に, 共に学び合った大切な時間に,
そして, あなたたち一人ひとりの尊い働きに, 感謝を込めて.

わたしたちが共に敬愛するウェストミンスター・カレッジの哲学教授,
故トーマス・M・グレゴリー博士の懐かしい思い出と共に.

Everyday Prayer with John Calvin

by
Donald K. McKim

tr. by
Koji Harada

Ichibaku Shuppansha Publishing Co., Ltd.
Sapporo, Japan
© 2020

Soli Deo Gloria

日本語版への序文

　この序文を『カルヴァンと共に祈る日々』の日本語版に寄稿できることをとても嬉しく思います．わたしの著書を誠実に翻訳してくださる原田浩司氏に，これまで同様に心から感謝します．祈りをめぐるジャン・カルヴァンの教えに関する本書が，彼によって翻訳されることを，わたしは特に嬉しく思います．

　すべてのキリスト者が祈ります．祈りはキリスト者の生活の中心です．それはわたしたちの信仰の鼓動です．わたしたちは神に祈り，そして，神はわたしたちに答えてくださいます．これがわたしたちが信じていることであり，わたしたちがキリスト者として追及する生き方です．祈りがなければ，祈りによって神とわたしたちとの間にもつことができる交わりの重要な関係性を失います．祈りは，心と魂の内奥にあるものを神に伝える，神との対話です．わたしたちの祈りを聞き，そして答えてくださる神に，わたしたちは感謝します．わたしたちは，自らの窮乏や要望への助けを神に嘆願し，求めます．祈りの中で，わたしたちは，神の御心であると信じているものを言い表します．そして，わたしたちの生活の中で —— 聖書を読んだり，説教を聞いたり，他の人の声に耳を傾け，そして，神が進むように望まれる方向へわたしたちにさし示される数々の出来事を

とおして―― 神の答えがもたらされる方法にわたしたち
は向き合わされます. 祈りは神とわたしたちとの命綱です.
ですから, 祈りはわたしたちがおこなう最も大切なことの
一つです.

本書は, プロテスタントの改革者, 改革派の神学者ジャ
ン・カルヴァン（1509－1564年）の書物から, 祈りをめぐ
る数々の言葉を紹介します. カルヴァンの見解と教えはと
ても深く, 豊かです. 祈りに関する彼の洞察は, 聖書に対
する彼の理解から引き出されています. 本書で示される黙
想の中に, 祈りをめぐるカルヴァンの註解が含まれていま
す. その数々の黙想は, わたしたちが聖書の教えの理解を
手助けし, そして, 祈りについて互いに語り合い, 祈りに
生きるために意義のある実践的な手引きを与えてくれま
す. カルヴァンの教えから, わたしたちの理解はより豊か
になり, 献身が深められ, そして, わたしたちがますます
祈りの人になるにしたがって, キリストにおけるわたした
ちの生活はますます充実し, 信仰がますます深まっていき
ます.

祈りはわたしたちを神と一つに結び合わせます. 祈りは
さらに, わたしたちをキリスト教の信仰において世界中に
いる兄弟姉妹たちと一つに結び合わせます. わたしは, 本
書を日本語で読む皆さんと共に, イエス・キリストにおけ
る同じ神に祈りを献げ, わたしたちの主なる救い主を信じ
る共通の信仰によって一つに結ばれています. 祈りをめ
ぐってこうした境地を経験できることに, わたしはこの上
ない感謝を覚えています.

祈りについての思索を掘り下げていくにつれて，あなたの祈りの生活がますます大切なものとなり，ますます活気に溢れ，そして，より有意義になるために本書が役立つことを，わたしは切望しています．どうか本書が神に対するあなたの愛を強めるものとなりますように．どうか本書が信仰においてイエス・キリストのさらに近くにあなたを導きますように．あなたが神を呼び求める毎に（詩編 50：15），聖霊の力によってますます豊かな祈りの生活へと，本書があなたがたを鼓舞しますように．

　　　ドナルド・K・マッキム

　　　　　　2020 年 受難節（レント）

目次

はじめに

　わたしはこの数年間，祈りをめぐるジャン・カルヴァン（1509−1564年）の思索を本に纏めたいと思ってきました．カルヴァンについては，わたしは他にも幾つかの書物を書いたり編集したりしてきました．彼の神学は実に深く豊かで，わたしにとって他とはくらべようのない意義がありました．ですから，本書で祈りという重要な神学上のテーマに関する彼の思索を紹介できることをわたしはとても嬉しく思います．

　祈りはキリスト者の生活の中心です．1559年に改訂されたカルヴァンの主要な神学書『キリスト教綱要』で最も多くの分量が割かれているのが祈りに関する章です．カルヴァンは祈りについて数多く言及しました．彼の神学的な見解は，聖書と聖書の中の祈りにふれた多くの聖句をめぐる彼の解釈に基づいています．カルヴァンは祈りについてのこれらの解釈や釈義的考察に基づいて，自らの思想を構築し，それを『キリスト教綱要』（第3篇第20章を参照）で論じました．

　本書で，わたしは『キリスト教綱要』および旧・新約の諸書の註解書から引用したカルヴァンの言葉に簡潔な黙想の考察を加えていきます．カルヴァンに関するわたしの考察は，彼が神学的に何を語っているのかを明らかにすると

共に，今日のわたしたちキリスト者の信仰と生活にとって
その意義を強調するためのものです．

　数年前から，神学者自身の著作からの引用文を軸に，簡
潔な黙想を付すという体裁で，手に取りやすい書物として，
主要な神学者たちの考えを紹介したいとの召命的情熱をわ
たしは授かっていました．『カルヴァンと一緒にコーヒー
でも：日々の黙想集（*Coffee with Calvin: Daily Devotions* ［邦訳：
『魂の養いと思索のために ―― 『キリスト教綱要』を読む』出
村彰訳，教文館，2013 年］）』では，キリスト教の信仰のす
べての領域をカバーしたカルヴァンの『キリスト教綱要』
からの引用文に焦点を絞りました．『カルヴァンとの対話：
日々の黙想集（*Conversation with Calvin: Daily Devotions*）』では，
キリスト教の信仰と生活をめぐって，カルヴァンの註解書
を調べ上げて引用しました．マルティン・ルターやディー
トリッヒ・ボンヘッファーに関する黙想書を執筆した際も
同じ手法を用いました．

　本書は実に多くの領域から祈りに関するカルヴァンの言
及に照準を合わせていきます．カルヴァンの見解や思想を
学ぶにつれて，わたしたちの神学的な理解が深まるだけで
なく，信仰生活にもよい影響がもたらされ，祈りをとおし
てわたしたち自身の信仰が引き締められていくことを，わ
たしは期待しています．

　これらの黙想と，カルヴァンが多様な聖書本文を註解し
た後に彼自身が献げた 15 篇の祈りは，聖書に基づくカル
ヴァンの思索へ誘うと共に，神に祈るキリスト者たちに
とって，意義のある祈りへと導きます．ここで示す黙想は

カルヴァンにとって，祈りにはどのような意味があるのか
をめぐって異なる見方にも気づかせます．それは多くの聖
書箇所についてのカルヴァンの一連の註解書をとおして現
れるに従って，次第に幾つかの主題が強調されてきます．
引用文が結集されることで，カルヴァン自身のキリスト教
信仰と経験にとってまさに生命的かつ中心的である祈りに
ついての彼の思想への扉が開かれていきます．

　本書の企画に興味を示し，すばらしい支援をしてくれ
た P&R 出版社の素敵な同僚たちに，わたしは感謝します．
デイヴィッド・アルマックは早い段階から本書の企画を導
いてくれました．デイヴィッドとアマンダ・マーティンと
の有意義な話し合いから，黙想の構成が定まると共に，本
書にカルヴァン自身の祈りを加える構想が与えられまし
た．わたしは彼らとエミリー・ハイチェマらの同僚たちに
心から感謝します．

　本書はわたしにとって特別な意味があります．なぜなら，
この企画を最初に相談したのが P&R 出版社の社長，ブラ
イス・クレイグだったからです．ブライスとわたしは共に
ペンシルヴァニア州のニュー・ウィルミングトンにある
ウェストミンスター・カレッジで学んだ学生同士でした．
あれから長い年月が経過し，こうして再び親しく交流する
ようになり，本書の企画に彼の支援が得られたことは，わ
たしの最大の喜びです．ブライスの祖父が創業し，そして
彼の父親が受け継ぎ，さらに彼が長年に亘って経営してき
た出版社から本書を出版できることも嬉しい限りです．

　ブライスと，ウェストミンスター・カレッジで学んだわ

たしたちの共通の二人の友人に，本書をささげます．マイク・ルーデンとトム・マクグラスは長老教会の牧師に献身し，わたしは彼らと長い時間を共に分かち合い，そして，彼らに心から敬服しています．わたしは彼らと交わした幸せな数々の記憶によって，この三人の友人には深い感謝を覚えています．イエス・キリストに忠実に仕えた彼らの牧会のつとめを，わたしは誇りに思います．

　本書はさらに，ウェストミンスター・カレッジの哲学教授だったわたしたちの共通の恩師，トーマス・M・グレゴリー博士を記念して献げます．ブライスもマイクもトムもわたしも，皆がグレゴリー博士に対し，恩師であり，また畏友であることを光栄に思っています．彼は改革派の高名なキリスト者として，わたしたちの生活と信仰の質を高める牧師養成のつとめを果たしてくれました．わたしがペンシルヴァニア州のスリッペリー・ロック市内のパリッシュ間をまたがる三つの教会の奉仕神学生となる際に，グレゴリー博士は格別に親切に支援してくれました．わたしがウェストミンスター・カレッジでの最終学年を過ごした間も，またピッツバーグ神学校で学生時代を過ごした間も，さらに博士号論文の研究に取り組んでいた数年間も，わたしは幾つかの教会で奉仕しました．わたしはそれらの教会で副牧師に任職されましたが，ひとえにグレゴリー博士がそれを手配してくださったことは，感謝しても感謝しきれません．さらなる神の摂理のもとに，わたしの妹のテルマは博士が所属していた教会で将来の伴侶となるデイヴと出会いました．

　わたしの執筆活動はすべて，神からの賜物であるわたしの家族によって支えられ，励まされてきました．リンダジョーと結婚してから 40 年以上の年月が経過しました．彼女と共に過ごしてきた期間，彼女の愛情はわたしの大いなる祝福であり，彼女があらゆる支援と愛のこもった配慮をわたしに注ぎ続けてくれていることに，心から感謝します．わたしの最大の喜びは，わたしたちの息子たちやその家族，長男のステファンと妻のキャロライン，それに孫のマディー，アニー，ジャック，そして次男のカールと妻のローレンたちです．彼らのおかげでわたしたちは本当に幸せで，彼らはわたしたちが最も感謝して与る祝福の源泉となっています．わたしたちは神を誉め讃えます！

　本書が祈りに関する聖書箇所をめぐって，ジャン・カルヴァンの釈義から溢れ出る彼の神学を読者の皆さんに紹介することこそ，わたしの期待することです．わたしたちがキリスト者の信仰生活を生き，教会員として生き，そして日々を祈りの民として生きるうえで，カルヴァンの諸々の識見はわたしたちの神学的な理解の質を高め，かつ深めるでしょう．神に栄光がありますように！

本書の用い方

　本書はキリスト教の祈りに関するジャン・カルヴァンの思索を紹介します．わたしはカルヴァンの『キリスト教綱要』と彼の旧・新約聖書の註解書から引用しました．わたしがめざすのは，カルヴァンの見解の理解のしかたを提供することであり，さらに，今日のわたしたちキリスト者の信仰を養う方策を彼の洞察によって示唆することです．本書は個人向けの黙想書としてだけでなく，グループでの読書にも用いることができます．

　各黙想のスタイルはどれも同じです．最初に，実際に開いて読む聖書箇所が示されています．その後，黙想でその聖句の内容と重要な強調点を解説します．本書での黙想の順序は各聖句が聖書に収録されている順に，または正典的順序にのっとって進められていきます．

　そして，祈りに関するカルヴァンの見解が示され，現代のキリスト者が祈るうえでの，それらの見解の意義や重要性が示唆されます．

　各黙想は「祈りのポイント」または「ふりかえりのための問い」で締めくくられます．「祈りのポイント」は黙想での考察を読者自身の祈りに取り入れる方法を示唆します．「ふりかえりのための問い」は，書かれてきたことを復習したりグループで話し合ったり，とさらなる局面を想

定しています.

　わたしが勧める取り組み方は次のとおりです.

　(1)読む. **各黙想の冒頭に記された聖書箇所を（実際に聖書を開いて）読み，それから黙想を読み進めます.** 黙想を読む前に，まずこの聖書の言葉を黙想することができますし，あるいは黙想を読みながら，その聖書箇所の言葉を思いめぐらすこともできます. 各黙想はとても簡潔で，どの文章も重要です. 読む際にはどの文章もじっくり味わうようにしてください.

　(2)黙想する. 黙想を読み終えたら，次のような問いを思い浮かべながら，その文章について黙想します.

　　・祈りに関するこの見解によってカルヴァンは何を伝えようとしたのか？

　　・祈りに関するカルヴァンの解説から教会の信仰生活をどのようにしたら深められるのか？

　　・カルヴァンの考察はこの自分の祈りの生活にとってどのような意味があるのか？

　　・この黙想が自分の祈りをどのような新しい方向へ導いているのか？

　　・カルヴァンの言葉は自分の祈りにどのような持続的な変化を示唆しているのか？

　(3)祈る. 黙想の最後で祈りが提示されていてもいなくても，時間を掛けて，聖書箇所とカルヴァンの考察と黙想を反映させて祈ってください. 祈りの中で，あなたが経験したあらゆることを自分の「神との対話」に組み込んでください.

(4)行動する．祈りに関するこれらの考察は，あなたを新しい方向へと向かわせるかもしれませんし，あるいは，あなたの人生に新しいしかたで行動を促すことでしょう．キリスト者としての生き方について，祈りがあなたを突き動かす新しい局面に心を開いてください．

各黙想の表題はその黙想のポイントを示しています．あなたが読み進めた後で，これらの表題を再読した際には，この主題についての黙想の内容を思い起こしてください．

もしあなたが日記をつけていれば，毎日であれ一週間に特別なときを定めてであれ，祈りで直面したことについての考察も併せて記録してください．もしあなたが祈りのリストを作っているなら，黙想的な書物の読書をとおして，神の霊が語りかけることを書き加えてそのリストを充実させてください．こうした資料も後から回想されて，あなたの生活のために再び用いられることでしょう．

黙想もカルヴァンの祈りの言葉も日毎に読むこともできれば，折にふれて読むこともできます．神の摂理や聖霊の働きに関して，カルヴァンは堅固な教理を持っていました．どのようなしかたであれ，またいつであれ，本書を用いてください．そして，本書の黙想をとおして神があなたに語りかけることができる —— 語りかけてくださる！—— のを期待しながら，また祈りの心を携えながら，本書を用いてください．

I 【祈り】エレミヤ書1章12節

　全能の神，どうかお聞き入れください．あなたは喜んで私たちをあなたの御許に優しく招いてくださいます．あなたは私たちの救いのために，その御言葉を聖別してくださいます．ああ，どうかお聞き入れください．私たちが心から喜んであなたに聞き従う者となり，あなたの教えをよく聞き入れる者となれますように．あなたが私たちの救いのために予定されていることを，永遠の滅びへと変えることがありませんように．しかし，あなたが私たちを天上のいのちの希望へと再生するための朽ちることのない種を私たちの心に根付かせ，それが実を結ぶようにしてください．あなたの御名があがめられますように．どうか私たちをあなたの家の中庭に植えてくださり，私たちを成長させ，豊かに繁らせてくださり，私たちの全生涯をとおして，豊かな実りを結ぶことができますように．そうして遂に，私たちは天に備えられている至福のいのちを享受するに至ります．私たちの主，キリストをとおして祈ります．アーメン[1]

―――――――――

〔1〕『聖書註解書』エレミヤ書1章12節の註解の後に続く祈り．

1 祈れ，かつ，進んでいけ

創世記 32 章 10－22 節

まず、実際に聖書を開いて読みましょう！

ときに，わたしたちは何かのために神に祈り，願い求めたあと，それをすっかり忘れてしまうことがあります．わたしたちの祈りに答えが返ってくるのを待ち詫びている間も，神はきっと働いてくださっているだろう，とわたしたちは推測します．しかし，これはあまりにも単純化しすぎで，それは神が望んでおられることではありません．

ヤコブが兄のエサウを出し抜いて長子の権利をかすめ取ったあと，彼はエサウの激怒を恐れて逃走しました（創世記 27 章を参照）．後にヤコブはエサウと和解したいと思いました（創世記 32 章 5 節）．和解する前に，彼は神に祈り，自分の欠け（同 10 節）や兄に対する自らの恐怖心（同 11 節）を告白しました．その後，彼はエサウに贈り物を献げ，この兄弟二人は再会し，和解しました（創世記 33 章）．

カルヴァンは，ヤコブが踏んだこうした段取りの中に，わたしたち自身がいかに最後まで神に祈り続けるべきなのかという示唆を見出しました．彼はこう記しました．「ヤコブが主に祈りを献げ，自分の計画を整えたあと，彼はそのうえで確信を得て，それから危険に立ち向かっていきました．こうした実例から信仰者が教えられることは，いつ

どんな危険が迫って来ようとも，この一連の段取りが守られるべきだということです．つまり，第一に，主なる神に直接訴えること．第二に，自分たちに備えられた助けの手段は何でもすぐに受け入れること．そして第三に，人々が向き合わされている事態に対して，主なる神が命じられることなら何であれ勇猛果敢に進み入ることです」[2]．

　まず，祈りましょう．次に，神が与えてくださるどんな助けの手段も受け入れましょう．それから，神が命じられることなら何でもするため「勇猛果敢に」あるいは大胆に実行しましょう．わたしたちは祈ったあと，忘れはしません．わたしたちは祈り，それを実行します！わたしたちは神が備えてくださる手段を受け入れながら，神の命令に従うために行動しながら，わたしたちの祈りがさし示す方を向いて，わたしたちは前進します．

　祈りは最後まで祈り通しましょう——祈りましょう，助けを受け入れましょう，そのようにして神に従いましょう！

☝ **祈りのポイント**

　祈りましょう．そして，神が備えてくださる助けを受け入れるように，そのうえで神の御心に従い行くために，神に願い求めましょう．

----

〔2〕『聖書註解書』創世記 32 章 22 節より．

2　真実であられる神に祈りなさい

民数記 14 章 13−19 節

まず、実際に聖書を開いて読みましょう！

　　イスラエルの民が約束の地へと荒れ野を進んで移動している間，人々はモーセとアロンに反抗しました（民数記 14 章）．彼らは自分たちが死ぬのではと思い，中にはエジプトに戻ろうとする者たちもいました．

　　しかし，モーセはそのような人たちのために神に執り成しました．「どうか，わが主の大いなる力を現してください．かつてあなたは告げられました」と彼は祈りました．これに続いて，「主は怒るに遅く，慈しみに富み，過ちと背きを赦す者」という神の約束を列挙しました（民数記 14 章 17−18 節．さらに出エジプト記 34 章 6−7 節も参照）．モーセは，人々の赦しを請い願った際に，神の約束の言葉に訴えました（民数記 14 章 19 節）．

　　カルヴァンはこの中に「祈りの確かな指針」を見出しました．なぜなら「神御自身の言葉以上に確実なものはありません．もし私たちの祈りがその御言葉に基づいているのであれば，祈りが無駄になってしまうのではないかとか，祈りの結果にきっと私たちはがっかりさせられるのではないか，と不安を抱く必要はありません．なぜなら，語りかけてくださる神は御自身が真実なお方であることを証明し

てくださるからです．そして実際に，このことが，神が語りかけてくださる理由なのです．そうすることで，私たちは神に祈る土台が据えられます．さもなくば，私たちは押し黙るほかありません[3]」．

　これもわたしたちの「祈りの指針」になります．ご自身を真実であるとお語りになり，それを明らかにしてくださる神に，わたしたちは全き確信を持って祈ります．語りかけてくださる神は，御自身に語りかけるようにと，わたしたちに勧めています．これが祈りの土台です．神の言葉に依り頼んでわたしたちが祈るとき，祈りはいつでも結果をもたらすでしょう．祈りは失望に終わらないでしょう．神は —— これまでも，いつでも！ —— 真実を証明なさいます．神は神です．わたしたちは祈るたびに，このお方の言葉に委ねることができます．

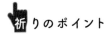 りのポイント

　聖書に記されている，神の約束の言葉に基づいた祈りを献げましょう．

〔3〕　『聖書註解書』民数記 14 章 17 節より．

3 舌が語り始める

わたしたちは二とおりのしかたで祈ることができます．黙ったまま神に直接に献げる祈りと，聞こえるように口にした言葉による祈りです．いずれにおいても，「言葉で発せられていてもいなくても[4]」，神は間違いなく確実にわたしたちの祈りを聞いてくださると自覚しながら，わたしたちは神に集中するのです．

最善の祈りは黙したまま ―― 他の人に聞かれることなく，心静かに祈る本人と神だけが知る祈り ―― の場合もある，とカルヴァンは述べました．彼はこうも書きました．「最善の祈りが言葉に発せられない場合があるにしても，祈りはしばしば，心の感性が喚起されたときに，まったく思いがけず舌が突然に語り始め，そして他の教会員たちもこれに引き込まれていくということも実践の中で起こります．ハンナの不鮮明なつぶやきは，明らかにそのようにして生じました(サムエル記上 1 章 13 節)．すべての聖徒らが，突然にしどろもどろで断片的に語り始めたとき，これに類

---

〔4〕 ジェームズ・モンゴメリー『Prayer is the Soul's Sincere Desire』（1818年）．より．

似したことを，今でも経験します」[5].

　ハンナの事例はわたしたちに教えてくれます．彼女が独り息子のために祈ったとき，彼女は「悲しみに沈んで」，「激しく泣いた」（同 10 節）のでした．彼女の願いは「心の中で語っていたので，唇は動いていたが，声は聞こえなかった」（同 13 節）ほど痛切なものでした．わたしたちの沈黙の祈りは，誰にも聞かれることがないままに，突然に言葉が口をついて溢れてきます．わたしたちの唇は，カルヴァンが言うように「しどろもどろで断片的に語り始め」，動き出します．

27

　祈りが黙祷であれ，耳に聞こえる祈りであれ，口にしない心の中での祈りであれ，大声を張り上げた祈りであれ，神はわたしたちの祈りのすべてを聞いてくださいます．このことはわたしたちを慰めてくれます．大切なのは，祈りの「形式」ではなく，祈りが神に集中していることです．わたしたちは自分たちの舌が「突然に語り始める」のに任せることができ，そして神は，そのようにして言い表したわたしたちの言葉と思いをも聞いてくださることを知ることができます！

祈りのポイント

　沈黙の祈りと言葉を口にする祈りのいずれをも，神に集中しながら，時間を費やしましょう．

---

〔5〕『キリスト教綱要』3.20.33. より.

4　神との対話

詩編4篇2—4節

まず、実際に聖書を開いて読みましょう！

　人は祈りについていろいろ考えます．人々は祈りを，教会の中で言葉にして発せられるものであるとか，食事の前に口にされる短い祈りであると考えているかもしれません．あるいは，祈りを，その人自身の心の沈黙の中で言い表されるものと考えているかもしれません．聖書全体を通して，祈りは人間が神と通じ合うときに生じています．この詩人はこう言います．「わが義の神よ，呼びかけに答えてください．あなたは私を苦しみから解き放ってくださいました．私を憐れみ，祈りを聞いてください」（詩編4篇2節）．

　カルヴァンにとって，祈りの本性は —— 祈りの外的形式とはいっさい関係なく ——「神との対話」です．カルヴァンはこう記しています．「しかるべきときに，そして適切に祈り始めるには，この第一の規則に則ることです．それは，神と対話する人に相応しい者として，私たちが心も精神も，祈りに前向きに整えられるべきです[6]」．

　これはつまり，真剣に祈るべきだということです．わた

---

〔6〕『キリスト教綱要』3.20.4. より．

したちは全能の神と対話しているのです．わたしたちは
軽々しく，あるいは無礼に，祈り始めてはなりません．わ
たしたちは偉大な神 —— 万物の支配者！ —— と対話して
いるのです．にもかかわらず，わたしたちが祈りを口に言
い表すとき，神はわたしたちの祈りに耳を傾けていてくだ
さいます．

カルヴァンはさらに，祈りについて神との「親密な対
話[7]」と表現しました．わたしたちは，これまでも今も，
わたしたちと共にいて，わたしたちをいたわってくださる
神の御前で，自らの心と精神の重荷を降ろすことができま
す．神の聖霊がわたしたちの祈りを導き，わたしたちが祈
れるようにしてくださいます．

祈りはわたしたちの最大の特権です．神との親密な対話
はこの上ないわたしたちの貴重な喜びです．神と対話する
という特権や，神の方から —— とりわけイエス・キリス
トをとおして —— わたしたちと対話してくださるという
驚きを経験する特権のゆえに，わたしたちは神に感謝しま
す．わたしたちも祈りましょう！

ふりかえりのための問い

あなたが祈りをどう理解しているか考えてください．あな
たは祈りを —— あなたと神との間，また神とあなたとの間の
—— 対話と考えていますか？

---

〔7〕『キリスト教綱要』3.20.5. より．

5　祈りは思い煩いを軽くする

まず、実際に聖書を開いて読みましょう！

　神は —— わたしたちから「遠く立ち」（詩編 10 篇 1 節）
—— 冷酷であると思われるときがあります．この詩人も，
困難の時に神はお隠れになっていると感じています．不正
を働く邪悪な者たちが，「無力な」人たちを餌食にしなが
ら（同 8, 9 節），そして「神は忘れているのだ．……永遠
に見るまい」（同 11 節）と心の中でつぶやきながら，勢力
を増しているようにも思われます．最終的に，この詩人は
次のように尋ねています．「なぜ悪しき者は神を侮り，『神
はとがめなどしない』と心の中で言うのか」（同 13 節）．
しかしながら，神の御前に示したこの荒々しいまでの実直
さが，彼を「あなたは苦しみと悩みをご覧になり……あな
たは苦しむ人の願いを聞いてくださいました」（同 14 節，
17 節）と祈るような信仰の回復へと導いていくのです．

　祈りにおいて，わたしたちは神に対して真っ正直になる
ことができます —— 嘆くことも問うことも，そして神に
異議を唱えることもできます．神はわたしたちの集中砲火
を引き受けてくださる「十分に器の大きい」お方です．し
かし，カルヴァンが述べるように，「神は私たちの心の思
いのすべてを御存じであり，神に隠せるような別の思いな

どなく，むしろ，私たちが自らの心の中にあるものを神の御前に吐露するとき，そうすることで，私たちの不安はとても晴れやかになり，私たちの願いは聞き届けられるという確信が増していく，という点は絶えず注目されるべきです」[8].

神はわたしたちの心の内奥にあるものをご存じです．わたしたちが自らの心の中にあるものを吐き出すとき，わたしたちの不安が軽くなり，そして，神は祈りを聞き，答えてくださるとの確信が増し加えられます．わたしたちは神に対してありのままでいられます．わたしたちは自らの心の内奥の感情を打ち明けることができます．神がわたしたちの心の中に耳を傾け，強めてくださる，と信頼することができます（同 17 節）．わたしたちは自分自身を，そして自らが置かれている状況のすべてを —— 希望も恐れも —— わたしたちの思い煩いを軽減してくださる神に委ねることができます！

祈りのポイント

あなたを苦しめるすべてのことを神が御存じであるのを信じて，真っ正直に，祈りに時間を費やしましょう．

---

[8]　『聖書註解書』詩編 10 篇 13 節より.

6 神の約束にあって祈ること

詩編 12 篇

まず、実際に聖書を開いて読みましょう！

　聖書全体をとおして，神はご自分の民に祈るよう命じて
おられます．イエスは言われました．「求めなさい．そう
すれば，与えられる．探しなさい．そうすれば，見つかる．
叩きなさい．そうすれば，開かれる」（マタイによる福音書
7章7節）．祈りをとおして御自分と対話することを，そし
て，わたしたちの生き方全体をとおして祈りの民となるこ
とを，神はわたしたちに求めておられます．

　しかし，通常の場合，神の命令は神の約束と併記されて
います．この詩人はこう述べました．「主の仰せこそ清い
仰せ」（詩編12篇7節）―― 神が仰せられる約束は永遠に
信頼できます．イエスはわたしたちに「求めなさい」と命
じるとともに，「そうすれば，与えられる」と約束してく
ださいます．「探しなさい」と命じ，「そうすれば，見つか
る」と約束してくださいます．わたしたちが「叩く」とき，
「そうすれば，開かれる」とイエスは約束してくださいま
す．祈りなさいとの神の命令にわたしたちが従うとき，祈
りをとおして，神とわたしたちとの関係は強まります．け
れども，わたしたちの祈りに伴う神の約束こそ，神が祈り
を聞いてくださり，答えてくださるという確信をわたした

ちにもたらします。カルヴァンが記しているように、「私たちに対し、主から期待されるために約束されているもので、祈りにおいて神に願い求めるよう命じられていないものなど一つもないということが、私たちにはわかっています[9]」。

わたしたちは神の約束に訴えて祈ることができます。信仰によって、わたしたちは聖書から読み取れる神の約束を信じます。祈りによって、わたしたちは神との対話、神との交わりへの信仰を明らかにします。祈りにおいて、神がそうするようにとわたしたちを招いておられることに応じて、自分たちに欠けているものをお伝えし、そして、わたしたちに対する神の言葉の中で授かっている約束のとおりに、わたしたちの欠けは満たされます。

祈りなさい、との神の命令を授かることは —— 同じ様に、わたしたちの祈りに答えるとの約束を授かっていることも —— 貴いことです。わたしたちは信じながら、また命令を授かって祈ります！

祈りのポイント

聖書に記される幾つもの約束に訴えて神に祈りましょう。あなたの祈りを聞き、そして答えてくださる神を信頼しましょう。

---

[9] 『キリスト教綱要』3.20.2. より。

II 【祈り】エレミヤ書 2 章 19 節

　全能の神，どうかお聞き入れください．あなたが私たち
をご自分の民として喜んで迎え入れてくださってからずっ
と，あなたは私たちにとても多大なご好意を示してくださ
いました．ああ，どうかお聞き入れください．これほどの
大きな優しさを私たちが忘れることがありませんように．
サタンの誘惑に翻弄されることがありませんように．また，
破滅へと転落させるような自分たちのアイデアを探求する
ことがありませんように．そうではなく，私たちがあなた
にしっかりと従い続けていけますように．日毎にあなたを
呼び求め，そしてあなたの恵み深さを十分に汲み取ること
ができますように．それとともに，心からあなたにお仕え
し，あなたの御名を崇めるため，また，私たちの完全な献
身を証しするために，あなたが授けてくださった多大な恩
義によって励むことができますように．私たちを喜んで養
子としてくださったあなたの独り子にあって，アーメン[10]

---

〔10〕　『聖書註解書』エレミヤ書 2 章 19 節の註解に続く祈り．

7　あなたの関心事を神に委ねなさい

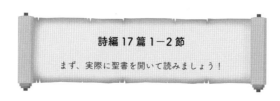

詩編 17 篇 1—2 節

まず、実際に聖書を開いて読みましょう！

　人は自らさまざまな訴えを起こします．動物愛護運動，人権運動，市民権運動，貧困問題，移民問題，ホームレス問題など多様で，それらを列挙すればきりがありません．

　信仰者は正義の運動 —— 神の御目に適う運動 —— を支援します．この詩人は次のように祈りました．「主よ，私の正しさをお聞きください．叫びに心を向けてください．耳を傾けてください．偽りのない唇から出る私の祈りに」（詩編 17 篇 1 節，さらに詩編 9 篇 4 節も参照）．彼は自分自身の罪を覆い隠すために神に叫んだのではありませんでした．そうではなく，主なる神に聞き従うことを願い求めて，誠実な心で，彼は神に祈りました．

　人々は多くの運動を支持していながら，彼ら全員が自らの訴えや行動を神に委ねているわけではありません．しかし，キリスト者は神に委ねます．カルヴァンが述べているように，「信仰者は自分自身の正当性だけに依り頼むのではなく，それを守り，保持してくださるよう，神にも委ねます．そして，信仰者に災禍が降りかかるときはいつでも，彼らは自らを神の助けに委ねます」．[11]

　わたしたちが関心を寄せる事に，神は関心を寄せられま

す．この世界が関心を寄せる事に，神は関心を寄せられます．キリスト者として，「正しい」訴えであり，かつ神の御心を表していると自らが判断する訴えに，わたしたちは参与します．社会では数多くの訴えが展開されています．イエス・キリストへのわたしたちの献身からして，来るべきキリストの御支配のために生き，かつ働くために，自分たちにできることを実行します．キリストがわたしたちに祈りを教えてくださいました．「御国が来ますように．御心が行われますように」（マタイによる福音書6章10節）と．

あなたの関心事を神に委ねましょう．神の御心に添うものであって，社会の正義と平和を追求する諸々の訴えのために，祈りましょう．

☝祈りのポイント

通常の取り組みとして，あなたの祈りに「正義の訴え」を加えましょう．神の御心と目的を明らかにする訴えを，神が祝福し，助けてくださるよう願い求めましょう．

―――――――――――

〔11〕『聖書註解書』詩編17章1節より．

8 わたしたちの祈りを妨げる災禍などない

詩編 18 篇 2 − 7 節

まず、実際に聖書を開いて読みましょう！

　　わたしたちはしばしば「取るにたらない些細なこと」を自らの祈りの時間に取り込むことができます．わたしたちは自分で忙しくしたり，他に注意を逸らしたり，あるいは自分には「必要」ないと思ったりして，自分の生活から祈りを締め出してしまいがちです．

　　そうすると「重大な事態」が生じたときに何が起きるでしょうか？　もしわたしたちが自分の家族の中で，教会で，または仕事で，大きな難局に直面したら，わたしたちはこれらの事柄について身を入れて祈れるでしょうか？　おそらく，もしわたしたちが何か悪いことをしてしまったら，わたしたちは恥ずかしくて祈れないでしょう．あるいは，もしわたしたちが病気になったら，わたしたちは純然たる医療科学にすがることでしょう．実に多くの災禍もわたしたちの祈りを妨げようとします．

　　この詩人が災禍に直面したとき ── 「死の縄が巻き付き，滅びの河が私を脅かす」（詩編 18 篇 5 節）とき ── 彼は「苦悩の中から主に呼びかけ，わが神に叫びを上げると，主はその宮から私の声を聞き，叫びは御前に至り，その耳に届く」（同 7 節）と祈りました．この節について，カルヴァ

ンはこのように記します.「ダビデが死の淵にほとんど飲み込まれそうになりながらも,祈りによってその心を天まで高めたことは,ダビデの卓越した信仰を明白に証言します.したがって,私たちもこのような実例が私たちの目の前に示されていることを学び,どんなに重大で過酷な災禍も,私たちを祈りから妨げ,嫌悪を起こさせたりはしないことを学ぼうではありませんか[12]」.

わたしたちの状況に関係なく —— どんな災禍がわたしたちを襲ってきても —— わたしたちは祈ることができます.わたしたちの嘆きの中で,わたしたちは自らの心を神のもとへ高く上げることができます.最も助けを必要とするときこそ,わたしたちは祈ることができます.いかなるものも,神に助けを求めるあなたの祈りを妨げさせてはなりません!

ふりかえりのための問い

あなたがこれまでに直面してきたことで,あるいは現在直面していることで,そのことのために祈らなかったことは何ですか? 何事であれ,神に祈ることに集中できる要因は何ですか?

---

[12] 『聖書註解書』詩編 18 章 6 節より.

9 隠れた過ち

わたしたちが自らの罪を告白するとき，できるだけはっきりと神の御前でそれらを明らかにして口にすることが重要です．そうすることで，神に背いておこなったことのすべて —— わたしたちが従うことができず，信仰的ではなかった諸々の行状 —— を意識するようになります．そうした告白は，わたしたちには自らを義と認める権利はいっさいないことを表明します．神の律法を破る自らの行状を認め，自らの罪の報いを受けるに値することを認めるとき，わたしたちは自らを正当化できないのがわかります．わたしたちには自らの罪過を告白することしかできません．

しかし，わたしたちは決して自らの罪のすべてを明示して口にすることなどできないでしょう．わたしたちはそれらの多くならわかりますが，その他のもっと多くについてはわかりません．この詩人は，神の律法は「完全」（詩編19 篇 8 節）であると知っています．しかし，彼はさらに自分が神の律法を破ってしまったこと，そして自分が「過ち」（同 13 節）を犯した罪人であることも知っています．それだけでなく，彼は自分が知らぬ間に罪を犯してしまったことも知っています．そうして彼は同じ 13 節で「隠れた罪

から私を解き放ってください」と祈りました．わたしたち
には隠れた罪——わたしたちの目には隠されている罪や
見落とされた罪——もあります．くり返しますが，自己
義認の余地はないのです．

しかし，カルヴァンはこのように記しています．「神は
私たちのたどたどしい片言さえ忍耐して聞き取り，さらに
私たちが知らぬ間に見逃しているときでも，いつも私たち
の無知を赦してくださいます．実際に，この寛容がなけれ
ば，祈る自由などどこにもあるはずがないのです」[13]．自分
の罪過をすべて出納帳簿に記録する「正確な会計士」であ
ることを，神はわたしたちに求めてはいません．わたした
ちは，そうとは知らずに，あるいは，そうする意図もなく，
罪を犯します．しかし，神の慈しみが勝ります！

ですから，わたしたちは自らの罪——自らが自覚して
いる罪——をはっきりと言葉にして言い表します．そし
て，わたしたちは自らの「隠れた過ち」のゆえに——自
覚も認識もしないまま，してしまったことやせずに放置し
てしまったことすべてのゆえに——神に赦しを請い願い
ます．わたしたちは「私の口が語ることと心の思いとが，
御前で喜ばれますように」（同15節）と祈ります．

祈りのポイント

あなたの罪を神に告白し，隠れた過ちからあなたを清めて
くださるよう，神に願い求めましょう．

---

[13] 『キリスト教綱要』3.20.16 より．

10　祈りにおける神の言葉への信仰

詩編22篇

まず、実際に聖書を開いて読みましょう！

　あなたはこれまでに，日毎に泣きながら，何の答えもかえってこないまま，しかも夜毎に安らぎを見出せないまま（詩編22篇3節），神に祈ったことはありますか？　苦難や敵意からの救いを熱烈に祈ったこの詩編の激しさは，現代人にも求められるものです．彼は神に見捨てられたと感じていました．「わが神，わが神，なぜ私をお見捨てになったのか．私の悲嘆の言葉は救いから遠い」（同2節）と．

　この詩人は —— 自分の祈りに神が答えてくださらないと感じて —— 見捨てられたという自らの深い絶望感を言い表すことから祈り始めました．彼はこの詩編の残りの部分全体をとおして，絶えず祈り続け，神の助けを願い求めました．その絶望感にもかかわらず，この詩人は祈り続けました．

　この詩編について，カルヴァンはこう述べています．「詩編にしばしば見られるように，ダビデや他の信仰者たちは，耳を閉ざしておられる神に，打ちひしがれたような状態にあっても言葉を注ぎ出すようにして，それでも祈りを止めませんでした（詩編22篇3節）．なぜなら，そこに注がれている神への信仰をすべての出来事の上に置くのでなけれ

ば，神の言葉の権威は適用されないからです」[14]．

わたしたちが祈りをもって，長期にわたって苦闘する間も，神の言葉への信仰を保ち続けます．わたしたちは聖書全体を貫く神の約束を信じます．わたしたちの祈りは神によって聞き届けられ，答えがかえってくるでしょう．聖書はわたしたちにとって権威があります．聖書各巻は破られることのない神の約束の言葉を伝えているからです．

祈りは，神の言葉を信じるわたしたちの信仰の表明です．この言葉こそ，わたしたちの祈りに答えがかえってこないと思われるようなときでも，わたしたちを導き，支えてくださいます．聖書がわたしたちを祈りへと，……しかも，祈り続けるようにと，促します！

43

ふりかえりのための問い

困難のただ中であっても，神の御言葉があなたの祈りの生活を支えてくれたのはどんなときですか？

---

〔14〕 『キリスト教綱要』3.20.51. より.

11 神はわたしたちに祈りなさいと優しく命じられる

詩編 25 篇 1―15 節

まず、実際に聖書を開いて読みましょう！

　神の民として，わたしたちが享受する最大の祝福と喜びの一つは，神がわたしたちを祈りに招いていてくださることです．実際に，聖書全体をとおして，神はわたしたちに祈りなさいと命じており（たとえば，詩編 50 篇 16 節），しかも，詩編には，神は祈りを聞き届け，祈りに答えてくださることを知る人たちによって献げられた数多くの祈りが見られます．だからこそ，この詩人は次のように言います．「主よ，私の魂はあなたを仰ぎ見る．わが神よ，私はあなたに信頼する」（詩編 25 篇 1―2 節）．

　わたしたちと神との信頼関係によって，わたしたちは神の祈りへの招きを聞き入れることができ，そして，わたしたちの重荷を主なる神に委ねることができます（詩編 55 篇 23 節を参照）．わたしたちを愛し，赦してくださるお方であり，あらゆる不安の真っただ中にいる時も配慮してくださるお方である神を，わたしたちは信頼します．わたしたちが祈るのは当然です！カルヴァンがこう述べているとおりです．「神がより寛大に私たちに接してくださり，私たちの不安を神御自身の胸の内に委ねなさいと，私たちに優しく命じられれば命じられるほど，私たちはますます

言い逃れができなくなり，これほどの光り輝く比類なき恩恵を，自分にとって一切の事柄に優先する幸いとせずにはいられず，自らをそこへ引き寄せずにはいられず，自らの努力も意識も真剣に祈りに傾注せずにはいられなくなるのです[15]」．

　わたしたちの生涯全体をとおして —— 創造主であり贖い主である —— 神はわたしたちの不安のすべてを御自身が背負うために，わたしたちに「優しく命じ」てくださいます．何という祝福でしょう！神がわたしたちに優しく接してくださるのです．わたしたちの重荷のすべて —— わたしたちの思い煩いのすべて —— を御自身に委ねるようにと，神はわたしたちを招いていてくださいます．神が祈りをとおしてご自身の現臨のただ中にわたしたちを常に引き上げてくださり，しかも，わたしたちを完全かつ永遠に愛してくださるお方にわたしたちのすべての不安を委ねるようにと，常に祈りに招いてくださっていることほど重要なことなどありません．わたしたちの神に熱心に祈ろうではありませんか！

ふりかえりのための問い

　どのようなときに，あなたは祈りへの神の招きに答えていますか，また，主なる神に自分の不安を委ねていますか？

---

〔15〕『キリスト教綱要』3.20.5. より.

12　教会全体のために祈る

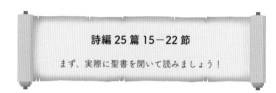

詩編 25 篇 15−22 節

まず、実際に聖書を開いて読みましょう！

　　カルヴァンの見解では，旧約聖書のイスラエルも新約聖
書のキリスト教会も共に神の民です．旧約聖書がイスラエ
ルについて言及するどの箇所も，カルヴァンはそれらを教
会に当てはめようとしました．

　　ですから，この詩人が「神よ，すべての苦しみからイス
ラエルを贖い出してください」（詩編 25 篇 22 節）と祈った
時，カルヴァンはすぐにそれに応じて次のように記しまし
た．「ダビデがここで用いる『贖い出す』の語から，わた
したちは教会がその当時は厳しい圧迫のもとにあったこと
を読み取ることができるでしょう」[16]と，イスラエルが「教
会」と呼ばれています．

　　カルヴァンはさらにこの解釈を進めて，こう記しました．
「一人ひとり皆が，教会全体に降りかかる公然たる苦難を
感じとり深く心を動かされて，神の御前に嘆いて，他のす
べての人たちと一つに連帯すべきです」[17]．まさにこの詩人
が自らをイスラエルの一員とみなしているように「ダビデ

---

〔16〕　『聖書註解書』詩編 25 篇 22 節より．

〔17〕　同上．

が耐え忍んだすべての窮乏，苦闘，不満は，すべての信仰者にも共通[18]」します．

　同じように，カルヴァンはこう主張しました．「私たち一人ひとりが，このルールに則って，自らの私的な悲惨や苦難を嘆き悲しむ中で，自分の嘆願や祈りを教会全体にまで広げていくべきであるということが最も重要だと考えるべきです[19]」．

　わたしたちにはそれぞれの苦難や困窮があります．わたしたちはそれらを「祈りにおいて主に託し[20]」ます．しかし，わたしたち自身のための祈りを超えて，教会全体のためにも —— 熱心に —— 祈るべきです．わたしたちはキリストの体の一員です．そして，わたしたちは教会とその成員すべてが経験する喜びも悲しみも分かち合います（コリントの信徒への手紙一 12 章 26−27 節）．

　わたしたちは，あらゆる困難のただ中にある教会の贖いのために祈ります！

![祈]りのポイント

　あなたの祈りに，常に教会を加えましょう．

────────────────

〔18〕　同上.

〔19〕　同上.

〔20〕　ジョセフ・M・スクライヴェン 『*What a Friend We Have in Jesus*』
　　　　（1855）より.

Ⅲ【祈り】 哀歌 3 章 39 節

　全能の神，どうかお聞き入れください．この日，あちこ
ち至る所で，私たちはあまりにも多くの苦難によってかき
乱され，そして世界中のほとんどすべてが混迷の中に置か
れています．その結果，私たちはどこを見ても，深い暗闇
しか見出すことができません．ああ，どうかお聞き入れく
ださい．すべての障害を乗り越えていくために私たちに学
ばせてください．信仰によってこの世界を超えた天上に私
たちの眼差しを向け，私たちにとっては偶然に生じていた
と思われることのすべてがあなたの素晴らしい御支配によ
る統治のもとにあることを知ることができますように．そ
のようにして，私たちが謙虚になって自分自身の罪の赦し
を祈り求めるときはいつでも，あなたの慈しみによる助け
の御手がすでに私たちに備えられているのを知ることがで
きますように．私たちの主イエス・キリストを通して，アー
メン[21]

---

[21] 『聖書註解書』哀歌 3 章 39 節の後に付された祈り．

13　主を待ち望みなさい

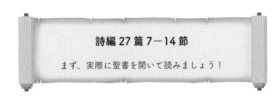

詩編 27 篇 7−14 節

まず、実際に聖書を開いて読みましょう！

　　わたしたちにとって待つことはいつだってしんどいことです．わたしたちは──素早い料理（ファストフード），迅速なサーヴィス，短時間での成果など──物事が素早くおこなわれることを期待します．

　　わたしたちが祈るとき，神がわたしたちの祈りに答えてくださるのを待たなければならないときがあります．この待ち時間がかなり長く引き延ばされることがあります．わたしたちは待っている間，イライラを募らせていきます．神がわたしたちの祈りを無視しているとか，わたしたちにはもう耳を貸さなくなっていると，信じてしまいかねません．

　　しかし，この詩人は「主を待ち望め．勇ましくあれ，心を強くせよ．主を待ち望め」（詩編 27 篇 14 節）とわたしたちに待つことを促します．

　　わたしたちは神を信頼しているからこそ待つことができます．「待ち時間」がどれ位になろうとも，神はわたしたちの祈りを聞き届け，そしてきっと答えてくださいます．カルヴァンがこの点を把握して次のように記しました．「もし，この指令に心を落ち着かせつつ，神の摂理の法則に支配されることを受け入れるならば，私たちが，数々の要望

を後まわしにして，忍耐強く主を待ち望むことを学ぶのは容易なことでしょう[22]」．神がわたしたちを導き，教導するときに，わたしたちに注いでくださる神の摂理的な配慮を信頼します．ですから，わたしたちは忍耐強く「主を待ち望む」のです．

そこでカルヴァンはこう続けます．「たとえ神が姿を現してはくださらなくとも，神は常にわたしたちと共にいてくださり，そして，人の目には神が無視しているかと思われるほどに，祈りを聞く耳を具えていなかったのでは決してないことを，神は御自身のタイミングで宣明なさるだろう，とわたしたちは確信します．したがって，このことは，これまでも今も変わらない慰めです．つまり，たとえ神がわたしたちの最初の要望に答えてくださらないとしても，わたしたちは落胆したり，絶望に陥ったりすることはないでしょう[23]」．わたしたちが祈るとき，常に神が共にいてくださることに，わたしたちは慰められます．神のタイミングが最善のタイミングなのですから……わたしたちは主を待ち望みます！

祈りのポイント

あなたの祈りに，神が答えてくださるのを忍耐強く待つことができるように，たとえもし待つことが難しいときであっても，神の助けを祈り求めましょう．

───────────────

〔22〕 『キリスト教綱要』3.20.51．より．

〔23〕 同上．

14 さまざまな苦悩がわたしたちを祈りに導く

詩編 30 篇

まず、実際に聖書を開いて読みましょう！

　　イエス・キリストの弟子であるということの基礎的な部
分はイエスの言葉に応えることです．「私に付いて来たい
者は，自分を捨て，日々，自分の十字架を背負って，私に
従いなさい」（ルカによる福音書 9 章 23 節）．キリスト者で
あるということは，自分自身の生活での自分だけの関心事
や要求から目を背けることであり，あなたに向けられてい
るイエスの言葉と御旨に従うことなのです．そうすること
が，自分の十字架を背負うことです．それはまさに，イエ
スご自身の従順が，ご自身の死をとおしてわたしたちの救
いを成就してくださったあの十字架へと至ったように．

　　わたしたちの日々の生活は，キリストの十字架によって，
しかもわたしたちキリスト者の従順にとっての十字架の意
味によって，形作られます．十字架がわたしたちの祈りの
生活や他のあらゆることも形作ります．カルヴァンはこの
詩人の言葉「主よ，私はあなたに呼びかけます．わが主に
憐れみを乞い願います」（詩編 30 篇 9 節）の言葉について
註解した際に，この点について言及して次のように記しま
した．「十字架によってしなやかにされ，しかも徹底的に
制御されない限り，誰一人，自ら喜び進んで祈ることなど

できません．そして，このことこそ，数々の苦悩に具わる主要な長所なのです．つまり，それらの苦悩は私たちに悲惨さを感得させる一方で，それらは神の恩恵を嘆願するようにと私たちを再び鼓舞するのです」[24].

わたしたちが弟子であるということで ── わたしたちが十字架のもとで生きるからこそ ── 直面する苦悩はわたしたちを鍛錬し，わたしたちを導きます．わたしたちを打ちのめして，絶望の淵に突き落とすのではなく，わたしたちの苦難が自らの信仰心を深めることができ，そして，わたしたちを新たな祈りの境地へと導くことができます．この詩人は祈りました．「お聞きください．主よ，私を憐れんでください．主よ，私の助けとなってください」（同11節）．わたしたちの意志は神の御心に従うようになります．わたしたちが苦悩するとき，わたしたちをその嘆きをとおしてご覧になっていてくださる神に助けを願い求めます．わたしたちは神を信頼します！

りのポイント

あなたが苦悩に直面する間も，神の助けを願い求めて祈りましょう．そして，あなたの意志を神の御旨に添わせましょう．

――――――――
〔24〕『聖書註解書』詩編30篇8節より．

15 神はいつも喜んでわたしたちを受け入れてくだる

詩編 32 篇

まず、実際に聖書を開いて読みましょう!

　わたしたちは「すぐに入手できる」時代を生きています．わたしたちがスマホで最新ニュースの記事やスポーツの試合結果を確認したいときも，銀行の ATM からお金を引き出したいときも，わたしたちは 24 時間いつでも，そうしたいときに，そうすることができます．

　わたしたちにとって大事なものを日々すぐに手に入れられることは，現代の生活に伴う恩恵の一つです．しかし，毎日，毎時，わたしたちにとって最も重要なことは，はたして何でしょうか？わたしたちがいつでも好きなときに，神に近づくことではないでしょうか？

　この世界が大抵のものをすぐに入手できるのが当たり前になるよりも遥か昔の時代から，信仰者たちは聖なる神に瞬時に近づくことができました．預言者イザヤはこう記しました．「主を尋ね求めよ，見いだすことができるうちに．主に呼びかけよ，近くにおられるうちに」（イザヤ書 55 章 6 節）．この詩人も次のように宣明します．「忠実な人は皆，時に応じてあなたに祈ります．荒ぶる大洪水もその人に及ぶことはありません」（詩編 32 篇 6 節）．カルヴァンにとってこの節が意味したのは次のとおりです．「どのよ

うな瞬間も私たちには神の恵みが必要であり，しかも，神はいつでも喜んで私たちを迎えてくださるのですから，実のところ，神を捜し求めることに時間外など決してありません[25]」．

わたしたちはどのようなときも —— どのような瞬間も —— 祈りをとおして神に近づくことができます．わたしたちが苦境に陥ったときも，人生の他のあらゆる局面においても，わたしたちは等しく神を尋ね求め，神に祈ることができます．このことは大きな慰めであり，また喜びです．神は常に，喜んで，わたしたちを待ち受けてくださいます！神がわたしたちの祈りから御自分を遮断するような時間も状況もありません．わたしたちが神の助けを嘆き求めるときはいつでも，神がわたしたちの祈りを聞き，そして答えてくださることを信頼することができます．喜びましょう，神はわたしたちを待ち受けてくださっています！

ふりかえりのための**問い**

あなたがいつでも神に近づくことができると気づいたのはいつですか？　あなたの人生で，あなたが神に祈り，その祈りに神が答えてくださったのを経験した特別な機会はありますか？

---

[25] 『聖書註解書』詩編 32 篇 6 節より．

16 私に呼びかけよ

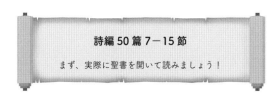

詩編 50 篇 7―15 節

まず、実際に聖書を開いて読みましょう！

　祈りに関する偉大な聖句の一つの中で，神はこう仰せになります．「苦難の日には，私に呼びかけよ．私はあなたを助け出し，あなたは私を崇めるであろう」（詩編 50 篇 15 節）．

　この節は「第一に，祈りなさいとの命令，続いて，その祈りに答えるとの約束，それから感謝への招き」という三つの部分から成るとカルヴァンは記しています．祈りにおいてわたしたち自身が経験することも，ここに要約されています．

　この節での直接的な命令は「苦難の日には」祈りなさいということです．しかし，カルヴァンはこう述べました．「祈りは私たちの毎日に，そしてあらゆる瞬間に課せられている義務なのですから，私たちはそのとき（苦難の日）だけ祈ればいいと理解してはなりません[26]」．すべてのときにすべての場所で，わたしたちは神に呼びかけることが期待されているのです．これはわたしたちに対する祈願への大いなる招きです．

---

〔26〕『聖書註解書』詩編 50 篇 15 節より．

わたしたちが神を呼び求めるとき，わたしたちは神による救いを経験するでしょう．予想すらしない手段で，わたしたちがまったく期待も想像もしていないしかたで，神はわたしたちを助け出し，救い出すことができます．神はわたしたちの呼びかけに，わたしたちが最も必要とするもの —— さまざまな困難からの救済や救出 —— によって答えてくださいます．

わたしたちの応答は神の栄光を讃えることです．神はわたしたちが直面するすべての困難の初めから終わりまで，わたしたちに伴ってくださるお方であることを，わたしたちははっきりと悟ります．わたしたちは神に呼びかけ，神はわたしたちを救い出し，そうして今や，わたしたちは讃美と栄光のすべてを主なる神に献げます！ 自分自身に集中するのではなく，力と愛をもってわたしたちを救ってくださる神にあって喜びます．

神に呼びかけなさいとの招きは，それに対して，必ずや答え，助け出すと確証されているのですから，わたしたちが肝に銘じる祈りに関する基本中の基本です．

わたしたちが神の答えと助けに与ときと，わたしたちは神を誉め讃えます．しかも，ただ神だけを誉め讃えます！

ふりかえり のための 問い

窮乏のどん底で，あなたが神を呼び求め，神の救いと助けを経験したときのことを思い返してください．神を誉め讃え，神の栄光を讃えるために，あなたはどのような応答をしましたか？

17 神は赦してくださる

詩編 51 篇

まず、実際に聖書を開いて読みましょう！

　詩編 51 篇は，聖書の中で最も悲痛な祈りの一つです．この詩人が犯してしまった諸々の罪に対し神の寛容と赦しを請い願う，悔い改めの詩編です．彼はそれらの罪を簡単に忘れてしまうことなどできません．「私は自分の背きを知っています．罪は絶えず私の前にあります」（詩編 51 篇 5 節）．神のまったき寛容と赦し以外に彼が求めるものはありません．彼は祈ります．「過ちをことごとく洗い去り，私を罪から清めてください」（同 4 節），「私を洗ってください．私は雪よりも白くなるでしょう」（同 9 節）．

　罪の告白はここで必要な行程です．この詩人は神に対して自らが犯した罪を次のように告白します．「あなたの前に悪事をおこないました．あなたの言われることは正しく，あなたの裁きに誤りはありません」（同 6 節）．罪の告白をとおして，わたしたちは自分自身を責め，自らの恐れ，恥，失望からの救済を尋ね求めます．

　カルヴァンはこう述べました．「もし聖徒たちが自らの罪を嘆き悲しみ，自らを罰し，直ちに我に返るならば，神は彼らをお赦しになります」⁽²⁷⁾．これは詩人にとっても真実でしたし，わたしたちにとっても真実です．わたしたちが

罪を犯すとき，それは神に対して罪を犯すことなのです．ただ神だけが，赦す力——そして，慈しみ——をおもちです．神がわたしたちを赦してくださるとき，わたしたちの背きの罪は拭われ（同3節，11節を参照），わたしたちは清められます（同4節）．わたしたちの罪のために死んでくださり，神の赦しを可能にしてくださったイエス・キリストをとおして，神の赦しがわたしたちに神との和解をもたらします．

赦しは罪の告白から——わたしたちが神と他者に対して犯した自らの罪を心から素直に認めることから——始まります．その上で，わたしたちは「救いの喜びを私に返し」（同14節）てくださいと祈ることができるのです．神の深い憐れみのゆえに（同3節），わたしたちは赦されます！

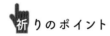 りのポイント

　自らの罪を認めることや告白することに時間を費やしましょう．神の赦しに与りましょう．

---

〔27〕　『キリスト教綱要』3.20.16. より．

18　祈りにおいて神の摂理に依り頼む

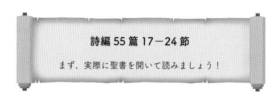

詩編 55 篇 17─24 節

まず、実際に聖書を開いて読みましょう！

　祈りに関する慰めの約束はこの詩人の次の言葉の中に見られます．「あなたの重荷を主に委ねよ．この方はあなたを支え，正しき人を揺るがせることはとこしえにない」（詩編 55 篇 23 節）．この聖句には，聖書全体を貫いて見られる約束 —— 神はわたしたちを無事に，揺るがないよう保ち，必要なものを備えて，わたしたちを支え，配慮してくださっているので，わたしたちは自らの思い煩いも困難も神に委ねることができること —— が含まれています．

　しかし，わたしたちの祈りは，ただ単に自分たちが「欲すること」を神に列挙するものであってはならない，とカルヴァンは述べています．わたしたちは神の御前で思い煩いや苦情を言いつのってはなりません —— それは全能の神に祈りに答えろと「要求する」ところにまで，わたしたちを追い込むことになります．これでは，わたしたちが信じ，そしてご自身の約束に従って，わたしたちに必要なものを備えてくださることに信頼を寄せる，神とわたしたちとの愛の関係とは逆行することになります．カルヴァンはこう述べました．「私たちが欲しているものを与えてくださいと神に願い求めるだけでは不十分です．私たちの願い

も求めも正しく神の摂理に委ねられなければなりません．
……あなたがこれまで享受してきた主なる神の善意を認
め，将来にわたる主なる神の優しさを待ち望むべきです」[28].

　わたしたちが自らの要求や願望を神に言い表すとき，わ
たしたちは神の摂理に委ねます．そしてわたしたちは，そ
れらの祈りに神が答えてくださるしかたに ―― それがど
のようなものになるにせよ！ ―― 安心して委ねます．神
がこれまでわたしたちに対して善い方を与えてくださった
ことや，神がこれからも導いてわたしたちを保ち，祝福し
てくださることを思い起こして，わたしたちは確信をもっ
て神の摂理に委ねることができます．そして，わたしたち
は将来にわたる神の優しさを期待することができるので
す．

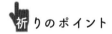 りのポイント

　今日の祈りで，あなたを支えてくださり，あなたに必要な
ものを備えてくださる神を信頼しながら，あなたの重荷を神
に委ねましょう．神があなたの祈りを聞いて，答えてくださ
ることを信頼しましょう．

---

〔28〕『聖書註解書』詩編 55 篇 22 節より．

Ⅳ 【祈り】 哀歌 5 章 13 節

　全能の神，どうかお聞き入れください．私たちを神に向き合うひとりの人間としてただ一度聖別するため，あなたは御自分の御手を伸ばしてくださいました．——ああ，どうかお聞き入れください．父としての慈愛が私たちの上に絶えず降りそそぎますように．その一方で，私たちも絶えず励んで，あなたの御名の栄光を讃えることができますように．そのようにして，ただ一度私たちを抱き入れて包んでくださったとおりに，あなたの善を注ぎ続けてください．そしてついには，あなたの独り子の血によって，私たちが到達するのを許されているあなたの天の御国で，満ちあふれるまったき祝福を享受するまでに至らせてください．アーメン[29]

---

〔29〕『聖書註解書』哀歌 5 章 13 節の註解後の祈り．

19　神はわたしたちを見捨てず，失望させない

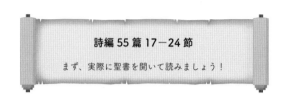

詩編 55 篇 17－24 節

まず、実際に聖書を開いて読みましょう！

　　わたしたちが長い期間，祈りに対する答えを待たなければならないとき，そして，わたしたちが待てども祈れども何の益も結果も見られないとき，ただ信仰だけがわたしたちを持ちこたえさせます．

　　カルヴァンはこのように述べました．「私たちの信仰は，感覚では感得できないもの，すなわち最善のものを，私たちはもう既に得ていることを確信させます」[30]．わたしたちは信仰において，神が最善のものをわたしたちに備えてくださることを信頼します．わたしたちはそれに気づかないかもしれません．しかし，神は働き続けていてくださいます．

　　カルヴァンはこう続けます．「主なる神は御自身に委ねられた私たちの重荷を，常に，十分に配慮しているとの約束のゆえに，私たちが乏しさにあっても豊かさに，艱難にあっても慰めに与ることができるようにしてくださいます．なぜなら，私たちがあらゆる点で欠けていても，ご自分の民の期待と忍耐を裏切ることのできない神は，決して私たちをお見捨てにはならないからです」[31]．

　　カルヴァンの言葉はこの詩人の言葉を思い起こさせま

す．「あなたの重荷を主に委ねよ．この方はあなたを支え，正しき人を揺るがせることはとこしえにない」（詩編 55 篇 23 節）．

わたしたちが祈りをとおして神に重荷を委ねるとき，神は困難の中にいるわたしたちに配慮してくださいます．神はわたしたちを支えてくださり，「正しき人を揺るがせることはとこしえにない」でしょう．ですから，わたしたちは乏しさの中でも満ちたりるのを経験するでしょう．わたしたちは艱難にあっても慰めを経験するでしょう．これらすべては，神からもたらされるほかありません．わたしたちは期待していたような豊かさや慰めには与れないかもしれません．しかし，豊かさも慰めも，神の恵みとして，わたしたちにもたらされるでしょう．外なる事物はわたしたちの思いどおりにならないかもしれません．しかし，神は忍耐強く神を待ち望む人を見捨てることも，失望させることもないでしょう．なんとすばらしい祈りについての約束でしょう！

65

☞ 祈りのポイント

神があなたの祈りに答えてくださるのを待ち望みながら，あなたを祝福し，支えてくださるよう神に願い求めましょう．

---

〔30〕 『キリスト教綱要』3.20.52. より．

〔31〕 同上．

20　神はわたしたちの祈りを決して妨げない

詩編 56 篇

まず、実際に聖書を開いて読みましょう！

　わたしたちは皆，神が祈りに答えてくださるのを待つことを経験済みです．わたしたちは祈り，そして，しばらく待ちます……まだ待ちます……神が答えてくださるのを．

　それでもなお，神が祈りを聞いて，答えてくださることを，わたしたちは信じ続けます．この詩人は，敵の退却を祈り願ったとき，次の確信を表明しました．「私があなたを呼び求める日，その時，敵は退きます」（詩編56篇10節）．彼が口にしたとおり，彼には「神がそばにおられる」ことがわかっていました．

　その一方で，彼は「滅亡が間近に迫っているという知覚的な証拠はなくとも……彼が約束に委ねた堅い信頼から，彼は来るべき時期を見とおすことができ，そして，忍耐強くその時期の到来を待ち望むことを決断しました[32]」とカルヴァンは解説しました．この忍耐強さが可能なのは，神が祈りを聞き，答えてくださるという約束があるからです．たとえ，ただちに敵を追い散して，神が彼の祈りに答えなくても，この詩人は「自分の祈りが失望に終わることなど

---

〔32〕『聖書註解書』詩編56篇9節より．

ないと確信しました．そう信じた根拠は，神は決して御自分の子どもたちの祈りを失望に帰すことはなさらないという真実への確信でした」．

　この約束はわたしたちのためでもあります．神はわたしたちの祈りを失望に帰すことはなさらないでしょう．神がわたしたちの祈りに答えてくださるのは，次の三とおりの中の一つのしかたにおいてである，としばしば言われてきました．それは，「はい（イエス）」か「いいえ（ノー）」か，それとも「まだ早い（ノット・イェット）」か．神がただちに「はい」と答えてくださらなければ，わたしたちは待たなければなりません．しかし，神の答えが――たとえそれが「いいえ」か「まだ早い」のどちらかであっても――わたしたちを失望に終わらせることはありません．むしろ，わたしたちは自らの不安を抑えて，神がわたしたちの祈りに応答してくださる道筋を心静めて待ちます．さらには，神が「いいえ」と言われるときも，神は他に何かよりよい答えを備えてくださることをも，わたしたちは信じることができます！

ふりかえりのための問い

　あなたの祈りの生活の中で，神が「よし」と言われたとき，「だめ」と言われたとき，そして「まだ早い」と言われたときのことを，思い起こしてみてください．

21　心静かに神を待ち望む

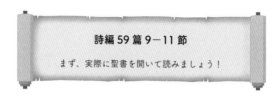

まず、実際に聖書を開いて読みましょう！

　　祈りと希望は互いに分かち難く一つに結びついていま
す．わたしたちは希望をもって祈ります．もし希望があれ
ば，わたしたちは祈るでしょう．祈ることは，神への信仰
の表明であり，神がなさろうとしていることへの信頼の表
明です．わたしたちが祈るとき，わたしたちは神が祈り
を聞き，答えてくださるという希望を ―― 信仰において
―― 見とおしているのです．神がなさっていることやこ
れからなさろうとしていることに，わたしたちが希望を抱
くとき，わたしたちは神の御前にこの希望を明らかにする
ために祈ります．希望がなければ祈りは死んだも同然です．
祈りがなければ希望は意味をなしません．

　　わたしたちが祈るとき，わたしたちは祈りに対する神の
答えを尋ね求めます．この詩人が祈ったとおり，「わが力よ，
私はあなたの言葉を尋ね求めます．まことに神は私の砦」[33]
（詩編 59 篇 9 節）．カルヴァンは，この点の本質を次のよう
に表現しました．「希望と結び付いて，あたかも展望台か
ら望み見るかのように，心静かに神を待ち望むのでなけれ

---

〔33〕　聖書協会訳では「私はあなたの言葉を守ります」と訳されている．

ば，祈りは空中に虚しく投げかけられるに過ぎません[34]」．

わたしたちは祈りに対する神の答えを心静かに待ち望みます．しかし，わたしたちはそれらの答えをそれと認めないときもあります．ある人がビルから転落したときに，「ああ主よ，どうかわたしをお救いください！」と祈りました．次の瞬間，その人は目の前の旗竿を力強く握りました．彼は続けてこう祈りました．「主よ，もうお忘れください．わたしは，自力で，この旗竿を握りましたから！」．もちろん旗竿は彼の祈りに対する答えでした．ですが，その人はそうだと気づきませんでした！

祈りに対する神の答えを心静かに待ち望むとき，神が── 実に想定外のしかたで！ ── 答えを備えられる道筋があることに，もっと注意深くありましょう．神の霊は，さまざまな出来事や人々，他の多くの媒介をとおして，さまざまなしかたで神がわたしたちの祈りに答えようと働いてくださるのがわかる信仰の目を，わたしたちに授けることができます．

69

祈りのポイント

祈りに対する神の答えがわかるようになるために，聖霊を与えてください，と神に祈りましょう．

───────────────

〔34〕『キリスト教綱要』3.20.12. より．

22　不屈の熱心

　　詩編 86 篇は，敵と対峙して，神の助けを願い求める祈
りです．この詩人には守りと安全が大きく欠如していまし
た（詩編 86 篇 2 節）．彼は神の僕であり，神を信頼してい
たので祈りました．神は彼の唯一の助けです．「あなたこ
そわが神」（同 2 節）と詩人は認めています．すると次に，
彼の心の底から祈りが溢れ出ます．「わが主よ，私を憐れ
んでください．私は日夜あなたを呼び求めます」（同 3 節）．

　　深刻な欠乏状況に直面して，この詩人は祈り続けます
──彼の祈りは「日夜」にわたって献げられました．危
険な日々に遭遇して，守りと安全，助けと希望を祈り願い
続けました．彼には神の慈しみを祈り願うことしかできま
せんでした．なぜなら，彼の人生は，完全に神に献げられ
て，神への信頼の上に築かれていたからです．

　　このことは祈りが「一遍だけで済まされた」というので
はありません．この詩人は一度きりの祈りを献げたのでも
なければ，祈るのを止めてしまったのでもありませんでし
た．カルヴァンはこう述べます．「聖霊の注ぎを受けた嘆
願者（詩人）は，自らの願いを嘆き訴えただけでなく，祈
り続けることをとおして，申し立てました」[35]．彼は一日中

祈り続けました．このことは，この詩人が「一度や二度の対決で挫かれることなく，不屈の熱心をもって祈り続けた[36]」ことをわたしたちに教えています．

　このような具合に，わたしたちは祈り続けているでしょうか？　わたしたちは神への祈りを口にし，そのあと，そのことを忘れているでしょうか？　わたしたちはたった一度だけ熱心に神に祈っただけで，そのまま放置してはいないでしょうか？　わたしたちの祈りは「不屈の熱心」を明らかにすべきです．わたしたちは祈り，そして祈り続けます．わたしたちが「不屈」であるとき，わたしたちの真剣さが明らかになります．

　わたしたちは祈りを聞き，答えてくださる神を信頼し続けます！

![ふりかえり のための 問い]

　あなたが継続的に祈り続けたときのことを――その結果がどのようなものだったのかを――思い起こしましょう．

―――――――――――――

〔35〕　『聖書註解書』詩編86篇3節より．

〔36〕　同上．

23 祈りのとき

詩編88篇9−19節

まず、実際に聖書を開いて読みましょう！

　　わたしたちは皆，誰もがいつでも祈ることができること
を知っています．危機や不安の中で，あるいは決断を迫ら
れる中で祈るときもあれば，感謝と喜びに満ちた中で祈る
ときもあります．聖霊がわたしたちを突き動かすとき，わ
たしたちは祈ります．これが祈りの自由です．神はいつ何
どきでもわたしたちの祈りを聞いてくださいます．

　　しかし，わたしたちの祈る自由には訓練も必要です．わ
たしたちには，まったく祈る気になれないときがあります．
祈る自由によって，わたしたちは祈ることに怠惰になって
しまうことがあります．わたしたちは祈りへと突き動かさ
れるための助けを必要としています——カルヴァンが述
べるように，祈りへと向かって「拍車がかけられる」こと
が必要になるときもあるでしょう．

　　この点に照明を当てて，カルヴァンはこう述べています．
「私たち一人ひとりがこの訓練のために特定の時間を設定
すべきであるというのは，もっともです．こうした時間
は，祈らずに過ぎてしまうようなことがあってはなりませ
んし，その時間には，こころの黙想のすべてが祈りに完全
に投入されているべきです．祈るべきときとは，朝目覚め

たとき，日常の仕事に取り掛かる前，私たちが食卓の席に着いたとき，神の祝福によって食事に与った後，私たちが就寝に備えるとき，などです」[37]．朝毎に，食事毎に，そして夜毎に，とカルヴァンが指摘するこれらのときは，わたしたちの生活リズムを反映した定期的な祈りのときです．

この詩人はこう言います．「主よ，私はあなたを日ごとに呼び求め，あなたに向かって両手を広げます」（詩編88篇10節）．彼にとって祈りは，日常生活において通常の，ごく当たり前の慣例でした．彼はこう言います．「主よ，私はあなたを叫び求め，朝には，私の祈りはあなたに向かいます」（同14節）．

特別な時間を定めたときもそうでないときも，いつでも祈りなさい．最も重要なのは祈りのときを持つことです！

ふりかえり の **ための** **問い**

あなたの祈りの生活と祈る機会を吟味しましょう．祈るという特別な時間を定めるために，あなたにはどのような訓練が必要ですか？

---

〔37〕『キリスト教綱要』3.20.50. より．

24 神の御名を呼び求める

詩編 91 篇

まず、実際に聖書を開いて読みましょう！

　詩編 91 篇は，全生涯をとおして神がわたしたちを確かに守ってくださるという，わたしたちの絶大な信頼を表明します．神はわたしたちを人生の危機――それが何であろうとも――から救い出してくださいます．この詩が描くイメージは古代世界のものですが，それらは今なおわたしたちに語りかけ，今日のわたしたちに確信を与えます．わたしたちは神に自らの安心を託します．

　祈りの中で神に呼びかけるとき，わたしたちは神への信頼を表明します．神はこう言われます．「彼は私を慕う．私は彼を助け出そう．彼は私の名を知っている．私は彼を守ろう．彼が私を呼び求めるとき，私は答えよう．苦難の時には彼と共にいる．彼を助け出し，誉れを与えよう」（詩編 91 篇 14-15 節）．神はわたしたちと共にいて，わたしたちを助け出してくださいます．

　カルヴァンが記すように，わたしたちは神の摂理を信じます，と言ってもさしつかえないでしょう．わたしたちは神が守り，導いてくださることを，神学的に把握しています．しかし，その信仰についての正しい表明は，わたしたちの祈りをとおして現されます．祈りが信仰を言葉と行為

へと向かわせます．カルヴァンはこう記します．この詩人は「神に依り頼み，あるいは自らの愛と喜びを神の内に置くということが何を言い表したいのかをより一層はっきりと表現します．なぜなら，信仰によって生まれる愛情や嘆願が神の御名に呼びかけるよう私たちを促すからです」[38]．信仰が祈りを生むのです！

　カルヴァンはすぐにこう続けます．「信仰者は決して困難や苦難が免除されているのではありません．神は彼らに平穏で贅沢な生活を約束しているのではなく，彼らを艱難から救い出すことを約束しているのです」[39]．このことはわたしたちにとって紛れもなく最も重要かつ至福の賜物です．わたしたちが神に呼びかけるとき，神がお守りくださるという摂理と恵みを自分のこの手でしっかりと捕らえます．神は答えてくださり，わたしたちを救い出してくださいます．神はわたしたちに救いを見せてくださいます！（同16節）

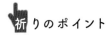 りのポイント

　神の守りを祈り願うことを，そして，あなたを安心と救いに与らせ続けてくださる神に感謝することを，祈りのかなめにしましょう．

---

〔38〕　『聖書註解書』詩編 91 篇 15 節より．

〔39〕　同上．

V 【祈り】 エゼキエル書20章44節

　全能の神，どうかお聞き入れください．私たちはもうす
でに，自らの永遠の住まいの戸口にいるとの希望のうちに
入れられています．私たちの頭であり，私たちの救いの初
穂にいますキリストが昇天されたからには，天国には確か
に私たちのために用意された住まいがあることを承知して
います．ああ，どうか私が口にすることをお聞き入れくだ
さい．私たちが引き続きあなたからの聖なる招きに応えて，
いよいよ前進しついには遠くにある目的地にたどり着くこ
とができますように．そして，あなたがこの世においてす
でに私たちに味わわせてくださっている永遠の栄光を喜ぶ
ことができますように．私たちの主，キリストの名によっ
て，アーメン[40]

---

〔40〕 『聖書註解書』エゼキエル書20章44節の註解の後の祈り．

25 神は絶大な慈しみをわたしたちに向けられる

詩編 102 篇 1－3 節

まず、実際に聖書を開いて読みましょう！

　　わたしたちは，神を審判者として，すなわち，その罪を罰せられること —— 神の律法を犯し，そして，神の御旨とは真逆に生きたその顛末に，わたしたちを向き合わせること —— の全権を持たれる，神性な，聖なる，義なる審判者として理解することができます．

　　しかし，イエス・キリストは，罪なき神の独り子として，わたしたちの罪を引き受けてくださり，わたしたちの身代わりとなって死んでくださいました（ローマの信徒への手紙 4 章 25 節を参照）．キリストにおいてわたしたちの罪は赦され，このお方の死と復活をとおしてわたしたちは義と救いに与ります（同 5 章 1－11 節を参照）．

　　今やわたしたちは神に —— わたしたちの審判者としてではなく，「わたしたちに代わって」くださり，永遠の愛でわたしたちを愛してくださるお方として（ローマの信徒への手紙 5 章 8 節，8 章 31－34 節を参照）—— 近づくことができます．このことによって，わたしたちの祈りは実に一変させられます！わたしたちは「速やかに答えてください」（詩編 102 篇 3 節）と祈ることができます．

　　カルヴァンが述べるとおり，「私たちが自らの幾つもの

欠けを神の御前に遠慮なしにさらけ出すことをお許しくだ
さり，そして，忍耐強く私たちの愚かさを耐えてくださる
時，神は私たちに対して絶大な慈しみをもって接してくだ
さいます．まるで幼子のように，私たちの不平不満を神の
御前に注ぎ出すことは，確実に神の尊厳に相応しくはない
でしょうし，相応しくはありませんでしたが，なんと神は
そのような自由をも私たちに喜んでお許しくださいます．
……［今や］神の御許に引き寄せられることを恐れる弱い
人々が，そのような慈しみから神の御許に招かれていること
とを知るようになるでしょう．なぜなら，彼らが親愛と確
信をもって神に近づくのを妨げるものは何もないからで
す」[41]．

　神は絶大な慈しみをもってわたしたちに接してください
ます．これこそ，わたしたちの喜びであり希望です．神は
親愛をもって御自身の子どもたちの祈りを聞き入れ，答え
てくださるとの確証を抱きながら，わたしたちは確信を
もって祈ります！

ふりかえりのための問い

　神が親愛をもってあなたの祈りに答えようと強く望んでお
られることを理解したら，あなたの祈りはどう変わっていく
でしょうか？

---

[41] 『聖書註解書』詩編 102 篇 2 節より．

26　祈りをとおして叶えられる約束

> ### 詩編102篇13—18節
>
> まず、実際に聖書を開いて読みましょう！

　神がお選びになる働き方には二つの局面があります．一つは神が —— 歴史の中で，教会の中で，そしてわたしたち自身の生涯において —— 御自分の計画を自ら遂行することによるものです．この局面では，神は王的権威をもって御自身の御心をこの地上に成し遂げられます．もう一つは，御自分の民の祈りをとおしてのものです．なぜなら，数々の祈りによって嘆願や希求を差し出した結果，彼らの人生に何かが起きるきっかけを神がもたらしてくださるからです．この局面では，神は御自身の王的計画に関して，第一の局面の計画を遂げるために，祈りを用います．

　わたしたちは詩編102篇の祈りの中に，前者の局面を見出します．すなわち，詩人は「とこしえに王座に着」（同13節）かれ，「シオンを築」（同17節）かれる主として神を誉め讃えるからです．いかなる人間の権力も神の王的権力の前にひれ伏します．このお方の「その御名は世々に唱えられ」（同13節）ます．

　後者の局面は，神がご自身の民の祈りを顧みて，聞き入れてくださること，つまり「主はすべてを失った者の祈りを顧み，その祈りを軽んじません」（同18節）ということ

からもたらされます．カルヴァンはこう述べました．「真の信仰者たちを，祈りにおいてますます熱心になるよう鼓舞するため，御自身が喜んで実施しようと決意されたことを，その求めに合わせて答えると，神は約束してくださいます[42]」．

　神学的には，神が何を「おこなうと決意された」のかに係わる二つの局面は，神に請願する人々の祈りをとおして生じます．地球の隅々で，教会において，神の民の生活の中で，神の御心と御計画の完遂にとって，祈りは必須です．わたしたちに必要なものを神に請い願いながら，わたしたちは祈ります．そして，わたしたちは御自身の御心に適うしかたでわたしたちの祈りに答えてくださる神を信頼します．

　この点を認識することで，わたしたちの祈りには新しい意味や重要性が増し加わってきます．わたしたちの祈りは，神が聖断を実施される手段なのです．わたしたちの祈りをとおして，神の聖断がくだされます．これ以上に重要なことがありえるでしょうか！

祈りのポイント

　心の奥底の本心の願いをあなたが祈るときには，はっきりと神の御心や聖断を言い表すようにしましょう．

〔42〕『聖書註解書』詩編 102 篇 17 節より．

27　自らの悩みを子どものように打ち明ける

詩編 103 篇 6—14 節

まず、実際に聖書を開いて読みましょう！

　　子どもと両親の関係は，人生の中で最も深い関係性の一つです．子どもはさまざまな面で —— 自分自身の生存ですら —— 両親に依存しています．わたしたちの子ども時代の，両親との愛と信頼の人格的な関係は，わたしたちが自らの自己存立と安定を形成するために不可欠な扶養関係です．わたしたちは困難に直面するとき，両親からの慰め，導き，また助けを求めて，両親の方へと振り向きます．

　　それよりももっと重要なのは，わたしたちと神との関係性です．神の親としての愛と助けは聖書全体を通して一貫したテーマです．詩編 103 篇は見事で，詩人は神の特徴を「憐れみ深く，恵みに満ち」（同 8 節）ておられると詳しく描写します．ここには親子の比喩的表現が用いられます．「父が子らに憐れみをもたらすように，主を畏れる者らに憐れみをもたらす」（同 13 節）．

　　カルヴァンは，祈りを論じる際に，この親子関係を引き合いに出します．彼はこう記します．「なぜなら，祈りとは，私たちが神の御前で傲慢にも自らを高めたり，あるいは，自らの何かを高く評価したりすべきものではなく，むしろ，自分が罪ある存在であることを告白し，自らの艱難

を神の前に嘆くためのものであって，それはあたかも子が親の前で困ったことは何でも打ち明けるようにするものだからです」[43].

　大きな困難や困窮の中で，両親のもとにやって来る子どもたちの経験する愛情に満ちた関係性は，祈りにおいてわたしたちが神に近づくときに経験する関係性でもあります．わたしたちは自分がしてしまったことを告白し，そして，自分が陥っている困難を天上におられる親に打ち明けます．わたしたちに対する神の愛と配慮こそ信頼できるものです．神はわたしたちにとって助けの源です．祈りにおいて，わたしたちは「子らに憐れみをもたらして」くださるお方に，自分が心の底から必要なものを表明します．あなたの諸々の悩みごとを神に打ち明けましょう！

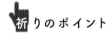 りのポイント

　まったき素直さと信頼をもって，あなたの罪を神に告白し，神にあなたの苦境や困難のすべてを申し述べましょう．

―――――――――

〔43〕『キリスト教綱要』3.20.12. より.

28 祈りがなければ，信仰は死んだも同然

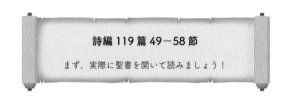

詩編 119 篇 49—58 節

まず、実際に聖書を開いて読みましょう！

わたしたちの信仰が生気を失っているのでは，と思われるときが何度もあります．わたしたちは，そうすべきであるときにかぎって，神に焦点を定めることができません．わたしたちは霊性の「力不足」に陥っています．

このようなとき，わたしたちは辛抱強く祈り続ける必要があります．祈ることがどんなに難しくてもです．わたしたちが祈るとき，自分が置かれている状況がどのようなものか，また自分の見た目がどれほどすさんでいても，それにもかかわらず，信仰の刷新と神への献身を経験するため，わたしたちは最善の体勢を整えます．

この詩人はわたしたちの模範になります．「心を尽くして願い求めます．仰せのとおり，私を憐れんでください」(詩編 119 篇 58 節)．彼は自らの心のすべてを，自らの全存在を祈りに懸けます．彼は神の慈悲 —— または慈しみ —— を願い求めます．ジェームズ王欽定訳ではこの 58 節をこう訳しています．「わたしは心を尽くしてあなたの恵みを請い願います．あなたの約束にしたがって，わたしをお恵みください」(※日本語版では口語訳を比較対象として参照する)．

カルヴァンはこう註解しました．「ダビデは，自分は今なお祈りの実践に精励していると断言します．なぜなら，祈りがなければ，信仰は沈滞し，死んだも同然となるからです．……私たちが，おもに，また特に，希求しなければならないのは，神が他のあらゆる祝福の根源である憐れみを私たちの上に注いでくださるからです」[44]．

　わたしたちは自らの信仰が挫けそうなときに祈ります．わたしたちは神に慈しみを願い求めます．神の助けを願い求めます．神の恵みを願い求めます．このことは，わたしたちにとって最も重要なものは何か，そしてカルヴァンが述べたような「他のあらゆる祝福の根源」とは何かということへと，わたしたちを導きます．祈りがなければ，信仰は死んだも同然で，もはや目的も力もありません．祈りをとおして，神は力づけ，助け，そのようにして，わたしたちを回復させてくださいます．祈りをとおして，神の厚意，神の恵み，神の慈しみを尋ね求めなさい──そうすれば，新しいいのちを授かります！

85

ふりかえり のための 問い

　ここ数年来のあなたの祈りの生活を思い返しましょう．あなたにとって，祈りにはどのような意味があったでしょうか？

---

〔44〕『聖書註解書』詩編 119 篇 58 節より．

29　思い煩いはわたしたちを祈りへ導く

詩編 130 篇

まず、実際に聖書を開いて読みましょう！

　　詩編 130 篇の著者は，神に贖って欲しいという心の底からの希求を表明します．この深刻な希求は，人生においてわたしたちが知り得る最も重い現実，すなわち，神がわたしたちの祈りを聞いてくださり，わたしたちの罪が赦され，希望が確立される必要性と関わってきます．

　　こうした切望に直面して，この詩人は自分にできる唯一のことを実行します．そうです，彼は祈るのです．「主よ，深い淵の底からあなたに叫びます．わが主よ，私の声を聞いてください．嘆き祈る声に耳を傾けてください」（詩編130 篇 1－2 節）と．カルヴァンが言うように，神の聖徒たちは「絶大な苦痛」を経験し，またそれゆえに，神を呼び求めます．カルヴァンは続けてこう言いました．「大きな苦悩こそ，私たちの内に祈りへの熱意を燃え立たせずにはいません」[45]．

　　祈りは，人生の深刻な事柄に関して，神の助けを尋ね求める，神への呼びかけです．救いの必要性に直面し，罪が赦されるために，そして神の揺ぎない愛と贖いに確かに与

──────────

〔45〕『キリスト教綱要』3.20.4. より.

れると待望して，この詩人は祈ります——わたしたちも
そうするのです．

　わたしたちは人生における最も暗澹たる状況のただ中で
祈ります．他に回避できるような場所がどこにもないとき，
自分たちではもうどうすることもできない窮地にあって，
それでもなお助けが必要なとき，わたしたちは祈ります．
わたしたちが主を待ち望み（同5-6節），捜し求めるとき，
わたしたちは祈ります．思い煩いはわたしたちを祈りへ導
きます．

　この詩人の場合と同じく，わたしたちが祈るとき，希望
が燃え立つのがわかります．この希望は，神がどのような
お方であるか——堅固な愛の神——に，また「すべての
過ちから贖ってくださる」（同8節）神の偉大な力から来
ます．イエス・キリストにおいてわたしたちを贖い，希望
を与えてくださる神によってわたしたちの思い煩いは顧み
られるのです！

ふりかえり のための 問い

　あなたが最も苦悩したときのことを思い起こしてくださ
い．あなたは何を求めて祈りましたか？

30 逆境でこそ祈りなさい！

詩編143篇

まず、実際に聖書を開いて読みましょう！

　諸々の逆境がわたしたちに襲い掛かってきます．わたしたちは，なぜそんな目に遭うのかわからないまま，さまざまな苦難をしばしば経験します．しかし，逆境は襲い掛かってきます．それに，逆境の性質が何であれ，わたしたちはそれに向き合わなければなりません．

　逆境に向き合うためにわたしたちが採る最善の方法は祈ることです．この詩人はその敵を前に，絶体絶命といえる深刻な逆境に向き合っていました．ですから，彼は祈りました．「主よ，私の祈りを聞いてください．嘆き願う声に耳を傾けてください．あなたの真実，あなたの義によって，わたしに答えてください．あなたの僕を裁きにかけないでください．生ける者の中で，あなたの前に正しい者はいないからです」（詩編143篇1－2節）．彼の唯一の助けは神への祈りにあることを知っていました．彼は，この自分を裁くのではなく，祈りを聞いて，助けてくださるよう，神に願い求めました．赦しと救いのために祈りました．

　カルヴァンはこう解説します．「逆境に陥るときには，私たちはそれが悔い改めの祈りへと奮起させるための神の鞭であることを，堅く信じなければなりません．神は私た

ちが苦しめられるのを喜ばれるはずはありませんが，神が
このように私たちを手荒く扱われる訳は，私たちの罪にほ
かなりません．……私たちはその罪をお赦しください，と
祈らなければなりません[46]」.

　わたしたちの逆境が自らの何らかの行動から生じたのか
そうではないのか，どのように考えるかにかかわらず，わ
たしたちは —— 大きな試練に直面するときは特に —— 神
の赦しと救いを必要とする罪人です．わたしたちは自らの
逆境を潜り抜けていかなければなりません．しかし，わた
したちが最初に自覚しておかなければならないのは，わた
したちと神との関係は罪によって損なわれてはいないとい
うことです．そうであればこそ，わたしたちは救いを求め
て祈ります．

　わたしたちは逆境に陥ることから免れているわけではあ
りません．しかし，わたしたちは神に赦されているという
状態で，そうした逆境に立ち向かうことこそ必要です！

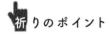りのポイント

　自らの罪と神の赦しを願い求めながら，祈りに時間を用い
ましょう.

---

〔46〕『聖書註解書』詩編 143 篇 2 節より.

Ⅵ【祈り】ダニエル書1章3節

　全能の神，どうかお聞き入れください．あなたは私たち
の前に，あなたの素晴らしい摂理と，そして古き時代を生
きたあなたの民への裁きを鮮明に写し出す鏡を置いてくだ
さいました．この私たちも，自らの存在があなたの御手と
守りのもとにあることを，より深く確信させてください．
……ああ，どうかお聞き入れください．あなたに依り頼ん
で祈ります．あなたは私たちの安全から目を離すことなど
決してなさらないのですから，たとえ何が起きようとも，
あなたのみ守りを私たちの希望とさせてください．そうし
て，私たちに，安らかで平穏な心で，あなたの御名を呼ば
せてください．この世は，あらゆる変転の最中にあります
が，私たちがありとあらゆる危機を恐れずに立ち向かえま
すように．そして，決して滅びることのないあなたの御言
葉を土台に据えて，私たちが堅く立つことができますよう
に．あなたの数々の約束の御言葉を学ぶことで，あなたが
私たちを託しておられるお方，そして御自分の民のすべて
の羊飼いとなさったそのキリストに，私たちが依り頼めま
すように．どうかお聞き入れください．ついに，キリスト
ご自身の血によって私たちのために備えてくださった天上
での憩いに私たちが辿り着くまで，数々の困難や混乱がも
たらされようとも，どうかこの戦いの馳せ場の初めから終
わりまで，私たちを導いてくださり，キリストが私たちに
注意深く目を注いでいてくださいますように．アーメン[47]

---

〔47〕『聖書註解書』ダニエル書1章3節の註解の後の祈り．

31 祈りは神がわたしたちの信仰の
守護者であることを明らかにする

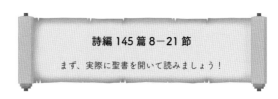

詩編 145 篇 8—21 節

まず、実際に聖書を開いて読みましょう！

　詩編 145 篇は神の偉大さと善性を誉め讃えるすばらしい詩です．神の民は「その偉大さは計り知れない」（詩編 145 篇 3 節）神を讃美します．

　この詩編が言及する神の善性を讃美する理由の一つは，神が「彼らの叫びを聞いて救ってくださ」（同 19 節）るために「まことをもって呼ぶすべての人の近くに」（同 18 節）いてくださるからです．この箇所についてカルヴァンはこう記しました．「最後の句 —— 主は彼らを救われる —— は，いつになれば神が御自分の民の祈りに答えてくださるのか，またそれはどのような目的のためなのかを私たちが気づくため，すなわち，神が彼らの幸福の忠実な守護者であることが実践をもって証明されるために，補足の意図として付け加えられています[48]」．

　神の守りと注意深い配慮は，人生でわたしたちが必要とするすべてのもののなかで，確実に最も重要なものです．わたしたちは，永遠に続く神の摂理に従って生きているこ

----

〔48〕『聖書註解書』詩編 145 篇 19 節より．

とを知っています。神は日毎にわたしたちに命と息を与えてくださいます。さらに、多くの危難や災厄がいつ襲って来てもおかしくないこの危険な世界に生きていることも、わたしたちは知っています。それらの多くはわたしたちが制御できる範囲の外にあります。どれほど入念に自らの安全に努め、自らを守ろうと努めたとしても、わたしたちを守るには自らの努力以上のものが必要です。

わたしたちの生涯の初めから終わりまで一貫してわたしたちの幸福の「忠実な守護者」であるために、神はわたしたちの祈りに答えてくださいます。神はわたしたちを救い、助け、守り、そして、わたしたちが平安に生きることができるようにしてくださいます。だからこそ、わたしたちは神を讃美し、神に仕えることができます。わたしたちの祈りは答えられます。そうして、いのちは継続することができ、またそれゆえに、わたしたちはこの詩人と声を合わせてこう言うことができます。「わたしの口は主の賛美を語り、すべての肉なるものは、代々とこしえに聖なる御名をたたえます」(同21節)。神はわたしたちの守護者です！

ふりかえりのための問い

これまでの人生で、あなたはどのような神の守りと安全を経験してきましたか？ この助けゆえに、またあなたの守護者であられるゆえに、あなたはいつも神を讃美しているでしょうか？

32　義を訴える人たち

　わたしたちの皆に欲求があります．しかし，ある人たち
の欲求は，他の人たちよりも大きな欲求です．社会に目を
向ければ，これが事実であることが明らかです．一方では，
巨万の生活資産を所有してもなお要求を持ち続けて止まな
い人がいれば，他方では，大多数の貧しく，生きるための
基本的な資産 —— 衣・食・住 —— さえたりない人がいます．

　旧約聖書は，窮乏する人たちへの神の配慮を明らかにす
ることに，特に力を入れています．ここには寡婦（未亡人，
やもめ），孤児，寄留者，貧者が含まれ，この立場の人た
ち皆の苦難に，神は関わられています．「不正な掟を定め
る者，過酷な判決を書き記す者」たちが「弱い者の訴えを
退け，わたしの民の苦しむ者から権利を奪う．寡婦を餌食
とし，孤児を獲物とする」（イザヤ書10章1-2節）とき，
そうした迫害者たちを神はお裁きになります．つまり，こ
の詩人に言わせると，次のとおりです．「私は知っている．
主が苦しむ人の訴えを取り上げ，貧しい人のために裁きを
行うことを」（詩編140篇13節）．

　カルヴァンによれば，「確かに，神は善人にも悪人にも
等しくご自身の太陽を昇らせてくださるように（マタイに

よる福音書5章45節），神は，訴える正当な理由を持ち，
助けるにあたいする困窮の中にある人たちの祈りを軽んじ
られることはありません[49]．

　苦境の中にいる人たちの窮状は，わたしたちが祈るたび
常に，わたしたちの心に覚えられるべきです．正当な理由
をもって訴える人たちの嘆きを，神は聞いてくださいます．
わたしたちも，その正当な理由をもち，深刻な苦境に置か
れている人たちを支援すべきです．わたしたちは彼らのた
めに祈り，行動をとおして彼らに大きな関心を寄せていき
ます．神はもちろん，わたしたちがそうすることを欲して
おられます！

ふりかえり のための 問い

　正当な理由をもって訴える人たちのためにあなたが祈ると
き，彼らのための行動へとあなたを促すどのような祈りがで
きるでしょうか？

---

〔49〕『キリスト教綱要』3.20.15. より．

33　神の御前で心を開く

イザヤ書63章15−19節

まず、実際に聖書を開いて読みましょう！

　　わたしたちは多様な視点から祈りを思い描くことができます．わたしたちは祈りについて神学的に考えて，その意味を定義することができます．あるいは，わたしたちが祈りから確実に得られると信じる恵みに注目することもできます．あるいは，祈りはわたしたちを遥かに超越した神とわたしたちをつなぎ合わせるためのものである，と考えることもできます．

　　しかし，祈りについてのまさに基本となるものが，イザヤ書における悔い改めの祈りに表されています．神に向かって預言者はこう言います．「主よ，あなたは私たちの父です．『私たちの贖い主』がいにしえからあなたの名です」（イザヤ書63章16節）．

　　この節に関する註解で，カルヴァンは祈りの基本的な性質についてこう記しました．「神は私たちが親しみをもって本心を神の御前で明らかにすることをお許しになります．なぜなら，祈りは神の御前で自らの心を開くこと以外の何ものでもないからです．最大の痛みの緩和は，私たちの心配事や苦境や思い煩いを神の胸に傾け注ぐことです．ダビデに言わせれば，『あなたの道を主に任せよ』（詩編37

篇 5 節）です[50]。

　祈りの中で神と対話する時，言葉においてだけでなく，心の内奥からも，わたしたちは神と通じ合います。あたかも子どもが親にするように，神に自分たちの心の内にしまっているものを露わにします。神の御前で自らの心を開く時，わたしたちの心の大半を占めているもの —— 心配事や苦悩や思い煩い —— を，愛する神に親しく安心して「注ぎ込む」のです。

　このことが，祈りにおいてわたしたちが最も必要とすること —— 神に心を開いて，わたしたちに対する神の優しいご配慮を経験できること —— です。わたしたちを最もよく理解してくださる方が，わたしたちを最も愛してくださっています。祈りにおいて，神にわたしたちを —— その存在の深淵において苦しめるものすべてを含め —— よく知ってもらうようにするのです。

ふりかえり のための 問 い

　祈っている間，あなたはいつも自分の心を開いて，心の内奥にある関心事を神と共有していますか？

---

[50] 『聖書註解書』イザヤ書 63 章 16 節より。

34　神はわたしたちの祈りをどのように聞かれるか

イザヤ書65章17−25節

まず、実際に聖書を開いて読みましょう！

　カルヴァンが「わたしたちの祈りによる目に見える成果」とよんだものが，あなたの周囲に見られますか？　さらにそれは，カルヴァンが述べたように，それは「神には援助する準備ができている」ことを明らかにします．先の問いに，わたしたちがいつでも「はい」と答えられるとは思えませんが，どうでしょうか？

　しかし，神はイザヤにこう約束しました．「彼らが呼ぶより先に，私は応え，彼らがまだ語っている間に，私は聞き届ける」（イザヤ書65章24節）．神はわたしたちに応えると約束してくださいます――たとえわたしたちがまだ祈りを口にしている最中でも！

　カルヴァンはこれらの問いや神の約束に対し，こう応答しました．「確かに，その事態が実際にそれを証明する場合には，私たちの祈りが聞き届けられたことの十分な証拠となりはしますが，それでも神は他方で，私たちを大目に見ることはなさいません．なぜなら，神は私たちが生気を失うのをお許しにならず，むしろ，私たちをご自身の聖霊の力によって支えてくださって，私たちが忍耐強く神を待ち望めるようにしてくださるからです」．神の聖霊の力が，

わたしたちの祈りに神が完全に答えてくださるのを忍耐
強く待つことができるようにしてくださり，わたしたちが
待っている間，神はわたしたちを見放したりしないと信じ
られるように助けてくださいます。

　カルヴァンは続けてこう述べています。「神がわたした
ちの祈りを聞いてくださるうえで，二とおりの道筋があり
ます。第一に，神が公然と助けの御手を差し出すとき，そ
して第二に，わたしたちが苦悩の重さに屈することのない
よう，神が聖霊の力によってわたしたちに力を与えるとき
です」[52]。わたしたちは，自らの祈りに対する素早く，直接
的な答えを経験します。あまりにも早く神の答えが現れる
ことに，しばしばわたしたちは驚かされます！

　しかし，わたしたちが神の答えを待ち望むとき，それが
明らかになるように，神の聖霊はわたしたちを助け続けて
くださいます。聖霊がわたしたちに忍耐と希望を与えてく
ださるのですから，わたしたちが待っている間，「わたし
たちは屈する」ことがありません。神はわたしたちに耳を
傾けておられます！

祈りのポイント

　祈りに対する神の答えを待ち望みながら，神の霊があなた
を強め，養ってくださることを願って，日々祈りましょう。

---

〔51〕　『聖書註解書』イザヤ書 65 章 24 節より。
〔52〕　同上。

35　祈りは悔い改めの成果である

エレミヤ書29章10—14節

まず、実際に聖書を開いて読みましょう！

　神はバビロンの捕囚であったイスラエルの民に，預言者エレミヤによる一通の手紙をとおして，70年の捕囚が終わりを迎えたら故郷に連れて帰るとの約束（エレミヤ書29章10節を参照）を伝えました．その手紙のクライマックスで，神は「あなたがたが私を呼び，来て私に祈るならば，私は聞く」（同12節）と約束しました．何という約束でしょう！

　この約束は，民が神への祈りに導く信仰をもつようになることを示唆しているもので，とても重要です．この信仰には自らの罪の悔い改めも含まれます．カルヴァンはこう記します．「間違いなく，祈りは信仰に由来するのですから，祈りは悔い改めの成果です．そして，悔い改めは神からの賜物です．さらには，私たちは，聖霊の導きと教えによらなければ，神を正しくかつ誠実に呼び求めることはできません[53]」．

　神学的には，わたしたちが「悔い改め」てから，その上で「信仰」をもつのではないことを，カルヴァンは常に強

---

〔53〕 『聖書註解書』エレミヤ書29章12節より．

調しました．そうでなければ，悔い改めを，人間が信仰を獲得するためにおこなう「働き」に変質させることになるでしょう．

　しかしそれとは異なって，神が恵みの賜物としてわたしたちに与えてくださる信仰が悔い改めによって現される，とカルヴァンは確信しました．わたしたちは自らの信仰のしるしとして悔い改めます．「信仰に由来する」のが悔い改めであり，また悔い改めそのものが「神の賜物」です．

　わたしたちは聖霊の働きによって祈りへと導かれます．わたしたちに信仰を与えてくださる聖霊がわたしたちを悔い改めと祈りへと導きます．悔い改めをとおして，わたしたちは自らの罪を告白し，そして新しい生き方 —— 神の御心に適うような生き方 —— へと歩み出します．祈りをとおして，自分の悔い改めを言い表しましょう！

ふりかえりのための問い

　あなたが罪を悔い改めたときのことについて考えてみましょう．あなたの悔い改めは，あなたを神への祈りへと導きましたか？

36 神の約束に基づく

　聖書は一貫して，神が祈りを聞き，祈りに答えると約束
します．祈りはイスラエルの中核をなすものでした．イエ
スはこの上ない祈りの人でした．初代教会は，神の摂理的
な教導によって，また教会の祈りに対する神の応答によっ
て，その生存が支えられていることを承知していました．

　それは今日のわたしたちも同じです．わたしたちキリス
ト者の生活は祈りで満ちています——あるいはそうある
べきです！　わたしたちは祈り，そしてわたしたちの祈り
は聞かれ，答えられるとの神の約束を受け取ります．とて
も簡潔に，神はこのようにエレミヤに約束しました．「私
を呼べ．私はあなたに答え」る（エレミヤ書33章3節）．
この約束はエレミヤにとって真実であり，新約聖書を貫く
真実であり，すべてのキリスト者にとって真実です．それ
は，今日のわたしたちに語りかけられている約束です．祈
りは神の約束に根差しています．

　カルヴァンは次のように書いた際に，この要点をおさえ
ます．「私たちの祈りは自らの功績に基づくものではなく，
祈りの価値とその成就の希望はすべて，神の約束に基づき，
依拠しているため，それ以外の支えを必要とせず，四方を

見回すこともありません」[54]．わたしたちには神に対して祈りに答えさせるいわれもなければ，神に祈りに答えてもらう権利などありません．神が祈りに答えると約束してくださったその約束によって，わたしたちの祈りに答えてくださいます．そして，神の答えをとおして，神はわたしたちに注ぐ摂理的な愛を明かされます．

この約束はわたしたちの大きな慰めです．わたしたちの祈りは，自分たちに基づくものではなく，神に基づきます．神がわたしたちを祈りへと招き，わたしたちに祈りなさいとお命じになり，そして，御自分の子どもとしてわたしたちに注いでくださる御自身の永遠の愛の中に，わたしたちの祈りを据えてくださいます．わたしたちの祈りを聞き，答えてくださるという神の約束に，わたしたちは期待します．これこそわたしたちの大いなる祝福です！

ふりかえり のための 問い

自分たちの祈りが，神の約束に根差していることを認識することの重要性は何でしょうか？

---

〔54〕『キリスト教綱要』3.20.14. より．

Ⅶ 【祈り】 ダニエル書2章2節

　ある人は他の人よりも知性や才能に秀でていても，それはあなたご自身が恵み溢れる自由なしかたで分け与えられたのであって，完全な賜物はすべてあなたから授かったものです．誰ひとり自分の力でそれを得た者はいないのですから．──どうかお聞き入れください．あなたが私たちに授けてくださった知識は何でも，あなたの御名の栄光のために，私たちに用いさせてください．さらに，どうかお聞き入れください．あなたが私たちの配慮に委ねてくださっているものは，あくまでもあなた御自身のものであることを，私たちが謙虚に，また節度をもってわきまえることができますように．そして，私たちが節制をもって控えめであること，過分なものを何一つ求めないこと，真実で純正な知識を決して汚さないこと，さらに，あなたが私たちを招き入れてくださるその質素をそのまま保つことを学べますように．そしてついには，私たちがこの世のものに依り頼むのではなく，あなたこそ真の神であることを知るために，そしてあなたの義に従う者へと献身するために，私たちの理性を真の知恵へと高めることを学ばせてください．そのようにして，私たちの生涯をとおして，あなたの御名の栄光へと，余すところなく自らを献げ，聖別することが，私たちの唯一の目的となりますように．私たちの主イエス・キリストをとおして祈ります．アーメン[55]

---

〔55〕『聖書註解書』ダニエル書2章2節の註解の後の祈り．

37 信仰と謙遜において祈る

　エレミヤは神からの使信をバラクに書き取らせ，彼は神の言葉を巻物に記録しました．これはユダの民の前で読み上げられました（エレミヤ書36章6節参照）．預言者はこう言いました．「人々は主の前に願いをささげ，それぞれ悪の道から立ち返るかもしれない」(同7節)．おそらく，人々は自らの罪に気づかされ，そして，神の御眼に悪とみなされる生き方から180度転換するようになったことでしょう．

　カルヴァンは，ここに「身を起こすことと身を沈めること」という祈りの性質を見出すと解説しました．なぜなら，「祈りにおいては，信仰と謙遜の二つが必要です．信仰によって，私たちは神のもとへと高められます．そして謙遜によって，私たちは地上にひれ伏します．ですから，聖書はしばしば祈りは高めると言及するのです．なぜなら，私たちの心を高めることがなければ，本来祈るべきようには祈れず，しかも，約束によって支えられている信仰は，この世界のすべてを超えたところへと私たちを引き上げるからです．したがって，祈りは信仰によって上へと高められるのです．しかし，謙遜によって，祈りは大地に降りてき

ます．なぜなら，恐れが信仰と結び合わされるからです．
そして，私たちの心の中の信仰が確信によって活力を生み
出すにつれて，同時に，良心も私たちを打ち沈め，私たち
をひれ伏させます[56]」．

　これはわたしたちにとってわかりやすいことですが，ど
うでしょう？　わたしたちは神に祈るために信仰において
自らの心を高く上げ，神の約束によって支えられています．

わたしたちは自らの罪深さ，および自らの諸行為の深刻さ
を認めたとき，神の御前で謙遜にひれ伏します．どちらの
局面も，わたしたちにとっては重要です．わたしたちは助
けを求めて神だけを仰ぎ，神の約束を信頼します．わたし
たちは自らの罪を告白します．確信をもって，そして謙遜
に，祈りましょう！

祈りのポイント

　自らの罪を告白しながら，そして，赦しと和解に関する神
の約束に対し自らの信頼をはっきりと口にしながら，心底か
らの正直さと信頼をもって，神に祈りましょう．

---

〔56〕『聖書註解書』エレミヤ書 36 章 7 節より．

38 わたしたちの絶望から希望が到来する

哀歌3章1—6節

まず、実際に聖書を開いて読みましょう！

　哀歌という名称はうまく名付けられたものです．ここにはエルサレムの破滅によって命の危機に瀕した著者から溢れ出す悲哀で満ちています．自らの失意のどん底で神の助けを待ち望んでいるため，「私の魂は平和を失い，幸福を忘れてしまった」（哀歌3章17節）と，彼が味わっている辛酸が存分に表現されています．「たとえ私が助けを求めて叫んでも，主は私の祈りを聞き入れない」（同8節）と述べて，彼は神が祈りを聞いてくださらないと感じています．だからこそ，彼は心の底からの惨めさと絶望を表出しながら自分の心の内を吐露します．

　しかし，カルヴァンが記すように，誰もが「自分自身の弱さを自覚し，神に祈るようになることで，ついには希望の根拠を見出すでしょう」[57]．哀歌の著者が書き進めていくに従って，徐々に希望の根拠が現れ出てきます．「しかし，そのことを心に思い返そう．それゆえ，私は待ち望む．主の慈しみは絶えることがない．その憐れみは尽きることがない．それは朝ごとに新しい．あなたの真実は尽きること

---

〔57〕『聖書註解書』哀歌3章21節より．

がない」(同 21−23 節).

　絶望から希望が到来します．神の永遠の愛と誠実さがこの希望をもたらします．カルヴァンはこう述べました.「私たちは，神が絶望から確かな希望へと御自分の信仰深い民を回復されるとき，まさにそのときに，神は闇から光をもたらしてくださるのがわかります」[58].わたしたちの絶望自体がわたしたちを神へと近寄せます．わたしたちが自らの全存在を神に委ねるそのとき，希望が立ち現れてきます．わたしたちは何もかもさらけだして，自らの状況を神に嘆きます．神はそれを聞いてくださり，信仰がもたらされ，そして希望が立ち現れてきます！

　これがわたしたちの大きな確信です．人生に挫折したときでさえ，惨めさのただ中でさえ，事態の深刻さの程度とは関係なく，神の揺るぎない愛と誠実さが希望をもたらします！

祈りのポイント

　あなたが抱える困難をすべて神に打ち明けましょう．その時，神の揺るぎない愛と誠実さがあなたの希望の土台であることを，確信をもって思い起こしましょう．

---

〔58〕　同上.

39 祈り：わたしたちの崇敬と神礼拝

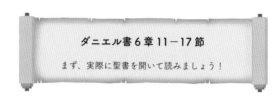

ダニエル書 6 章 11 – 17 節

まず、実際に聖書を開いて読みましょう！

　ライオンの巣窟に入れられたダニエルの物語をわたしたちは知っています —— おそらく日曜学校で教わったからでしょう．ダニエルと彼の仲間たちはエルサレムからバビロンに連行されました．そこではダリウス王に祈りを献げることが命じられました（ダニエル書 6 章 6 – 9 節を参照）．それでも，ダニエルは敬虔なイスラエル人だったため，一日に三度，イスラエルの神に祈りを献げました（同 10 節を参照）．このため，彼はライオンの巣窟に放り込まれてしまいました．差し迫った危険に直面して，彼は神に祈り，神を讃美しました．

　カルヴァンはこう記しました．「私たちは，神が求めておられる最も肝心な犠牲を知っています．それは神の御名を呼び求めることです．なぜなら，私たちはそうすることで，神が善いことすべての創始者であることを証するからです．次に，私たちは自らの信仰の実例を前面に現し，それから神のもとへと飛び立ち，自分たちのすべての心配事を神の御胸に委ね，そのようにして神に祈りを献げます．……ですから，祈りは神に対する私たちの崇敬と礼拝の主要な部分なのです」．[59]

わたしたちの礼拝には祈りが含まれます．わたしたちが祈るとき，わたしたちは神がわたしたちに善いものすべてを与えてくださっていることを，信仰によって確認します．わたしたちは神のもとへと「飛び立ち」，そしてわたしたちの心配事をすべてわたしたちを愛してくださっているお方に委ねます．祈りをとおして，わたしたちは神を礼拝し，神を崇めます．

　わたしたちが欲していることを神に願い求めるというあり方から，祈りについて考えるのは簡単です．しかし，神を讃美すること，神の恩恵を思い起こすこと，そして，感謝することが祈りの鍵となる要素です．わたしたちは神がどのようなお方であるのか，また神が何をしてくださっているのかに焦点を合わせるのであって，わたしたち自身の訴えや要求だけに合わせるのではありません．讃美と崇敬が神の現臨の中へとわたしたちを連れて行ってくれます．そこにおいて，わたしたちは創造者であり贖い主との究極的な交わりに与ります．神を讃美しよう！

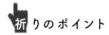 りのポイント

　讃美と崇敬をあなたの祈りの主要な部分にすることを実践しましょう．

〔59〕『聖書註解書』ダニエル書6章10節より

40 祈りは信仰の主要な訓練である

ダニエル書 9 章 1 −10 節
まず、実際に聖書を開いて読みましょう！

　ダニエルは祈りの人でした．彼とその仲間たちがバビロンで直面した危機と困難のただ中で，ダニエルは定期的にかつ熱心に祈りを献げました．「私は神である主に顔を向け，断食し，粗布をまとい，灰を被って，祈りを献げ，嘆願した．私は私の神，主に祈」った（ダニエル書 9 章 3 −4 節）．

　カルヴァンはダニエルの経験に関してこのように解説しています．「神はここではご自身の子どもたちにこの世的な祝福を約束なさらないが，永遠のいのちを約束し，そして彼らが鈍感を募らせて，あらゆる注意と霊的な関心事を捨て去っている間は，神はより熱心に祈るよう彼らを促してくださいます．というのも，私たちが信仰によってそれらに喜んで与ることなしに，一体どんな益を私たちに与えると神は約束してくださっているでしょうか？ しかし，祈りは信仰の主要な実践です．……ですから，信仰の真の証は，私たちが祈るとき，私たちに約束してくださったことを，神は本当に成し遂げてくださるという確証です」[60]．

　わたしたちの祈りは「この世的な祝福」を保証しません．

---

〔60〕 『聖書註解書』ダニエル書 9 章 2 節より．

最も重要なものとして，祈りがわたしたちにさし示すのは，永遠のいのちです．わたしたちは信仰によってこの祝福に与ります．祈りは信仰による冒険——実際に，カルヴァンが言う「信仰の主要な実践」です．わたしたちの祈りは，祈りを聞き，答えてくださる神への信仰を表明します．わたしたちの祈りをとおして，わたしたちは神が聖書に記されている約束を本当に成就してくださることを信じると言い表します．わたしたちは——この世界のための，教会のための，そしてわたしたち自身のいのちのための——これらの約束を信じると言明します．祈りにおいて，わたしたちはすべてのことを主に委ねます．わたしたちは神の愛に満ちた配慮とわたしたちを支えるための導きを信頼します．

　わたしたちもダニエルのように，自らの信仰を明らかにする祈りの民となれますように！

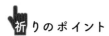
りのポイント

　祈りにおいて，神の約束の中であなたの信仰を強めてくださるよう，神に願い求めましょう．

41　すべての自己過信を放棄せよ

ダニエル書9章15−19節

まず、実際に聖書を開いて読みましょう！

　祈りにおいて，わたしたちは自分自身をすっかり空っぽにし，そうすることで，わたしたちは神によって満たされるのです．

　神が人類に創造者との愛と信頼の関係に生きてほしいと望んでおられることに基づいて，わたしたちは神に祈ります．わたしたちは神に語りかけ，神の声に耳を傾けるために祈ります．この活き活きとした関係性がわたしたちの生活にとって必要不可欠であると，わたしたちは知っています．キリスト者として，わたしたちは主であり救い主であるイエス・キリストをとおして神に近づきます．自分たち自身の功徳や力によってではないことを認めながら，キリストによる恩恵と聖霊の力によって，神の御前に出ます．ダニエルは祈りました．「私たちが正しいからではなく，あなたの深い憐れみのゆえに，私たちはあなたの前に嘆願を献げるのです」（ダニエル書9章18節）．ですから，わたしたちは神によって満たされるために自分自身を空っぽにするのです．

　わたしたちは完全なへりくだりにおいて，そして，自分自身にではなく神の栄光に集中して，神の御前に出ます．

カルヴァンはこの点を次のように記して強調しました。「祈るために神の前に立つ人は誰でも，自分を謙虚にし，栄光を完全に神に帰しながら，自分自身の栄光に関するあらゆる考えを捨て去り，自分自身の価値に関するあらゆる顧慮を脱ぎ捨てなければならない，要するに，一切の自己過信を放棄しなければなりません．もし私たちが何かをほんの僅かでも自らの力に頼むならば，私たちは虚しく吹き飛ばされて，神の現臨の前に消滅するほかありません」[61]．

　祈りにおいて，自己過信のすべてを放棄して，神にのみ依り頼みましょう．わたしたちは自力で物事を達成するためのいかなる能力も実力も訴えることはできません．祈りには，プライドや虚栄のための余地はどこにもありません．わたしたちは自らを神の慈しみと愛に委ねることしかできません！

ふりかえり のための 問い

　あなたの祈りと，あなたが祈っている間に，神がおできになることのみに依り頼まず，自分でできるということを重視し，どれほど「自己過信」をしてきたのかを考えましょう．

---

〔61〕『キリスト教綱要』3.20.8. より．

42 真の懺悔にふれられる

　わたしたちが祈るとき，自分が主張したいことを今すぐにでも神に知って欲しいと思うあまり，神がどのようなお方であり，自分が何者であるのかに焦点を合わせることを怠ってしまうことがあります．

　神は慈しみをもってわたしたちを招いてくださり，「私に呼びかけよ」（詩編 50 篇 15 節）とわたしたちに命じておられるのですから，わたしたちは祈りにおいて神に近づきます．ちょうど子どもたちが両親のもとに来るときのように，わたしたちは自らの心情や願望を神に吐露しながら，神のもとに来ます．

　わたしたちが祈るとき，神が神である —— そして，わたしたちは神ではない！—— からこそ，わたしたちは神に祈るということも認識すべきです．わたしたちは神を信頼し，神に依り頼みます．わたしたちは神の支配と主権を認めます．わたしたちの唯一の希望は，神がわたしたちの祈りを聞き，御自身の御心に従って祈りに答えてくださることである，とわたしたちは信じます．わたしたちはヨハネの手紙一 5 章 14 節の言葉「何事でも神のみこころに適うことを願うなら，神は聞いてくださる」を思い起こしま

す.

　しかし，カルヴァンに言わせれば，真の祈りはダニエル
の祈りについて聖書が指摘すること，つまり「神の御前に
おける信仰に満ちた謙遜，そして，真の悔い改めに心が揺
さぶられること，神の御前に自らの呻きを注ぎ出すこと[62]」
と認めるでしょう．神はダニエルに語りかけました．「ダ
ニエルよ，恐れるな．あなたが心を定めて悟ろうとし，あ
なたの神の前でへりくだった最初の日から，あなたの言葉
は聞かれているからだ．私はあなたの言葉のゆえにやって
来た」（ダニエル書10章12節）．ダニエルは，真の悔い改
めに心が揺さぶられ，そして神の御前で謙遜でした．彼は
神がどのようなお方であるのか，そして自分が何者である
のかがわかっていました．彼は謙遜と畏敬を込めて神に近
づきました.

　わたしたちもそうすべきです．わたしたちは自らの罪か
ら神を仰ぎ，へりくだって，神に悔い改めて祈ります.

祈りのポイント

　あなたは神のことをよく考えて，悔い改めをあなたの祈り
に加えましょう.

---

〔62〕『聖書註解書』ダニエル書10章12節より.

Ⅷ 【祈り】 ホセア書 13 章 13 節

　全能の神，どうかお聞き入れください．あなたは私たち
を治めるために，あなたの独り子を私たちにお与えくださ
り，あなたの御旨のよしとされるところによって，御子を
して私たちを統治する王に聖別なさり，悪い者たちのすべ
ての誘惑から，また全世界の試みに対しても，主の御手の
もとで，私たちは永久に安全で，安心できるよう，お守り
いただいています．――ああ，どうかお聞き入れください．
私たちが御子の権威のもとに治められるために，またその
ように自制するために，この自らを委ねることができます
ように．それによって，御子が私たちの平安のために常に
注意をはらってくださいますように．そして，あなたが私
たちのことを御子に託しておられるのですから，御子が私
たちの救いの保護者となってくださいます．それによって，
私たちが道を外し，転落するのを許さず，御子の奉仕の内
に保ってくださり，ついに私たちが，あなたの独り子の血
によって獲得された，祝福に溢れる永遠の神の御国に召さ
れるときまで，これからも私たちを御子の奉仕の内にお守
りください．アーメン[63]

---

〔63〕『聖書註解書』ホセア書 13 章 13 節の註解の後の祈り．

43　どんな悲惨もわたしたちを祈りから引き離せない

ヨエル書3章1—5節

まず、実際に聖書を開いて読みましょう！

　終末の日を描いたある描写の中で，預言者ヨエルが「すべての肉なる者に」（ヨエル書3章1節）神の霊を注ぐ姿があり，その終末の審判のときは「主の大いなる恐れるべき日」として描かれています（同4節）．

　これは想定できる限りの最悪の状況です！　神による裁きのときが来ようとしています．しかし，「主の名を呼び求める者は皆，救われる」（同32節）という約束があります．救われる人は「主の名」を呼び求めます —— 彼らは神の助けと救済を祈り求めます．

　その叙述は審判の成就によって終わりを迎えますが，わたしたちはこの聖書箇所が暗示していること —— 神への祈りからわたしたちを引き離すような想定外の悲嘆も状況もないこと！ —— を見落とすことができません．

　カルヴァンはこう解説しました．「そのとき，神はその場に失われた者たちや死者たちを招き集めているのですから，最も重苦しい悲惨であったとしても，私たちと私たちの祈りを繋ぐのを妨げることはできません．ですから，私たちはこれらすべての障害を乗り越えていくべきです．そうすることで，私たちが抱える心配事が嘆かわしければ嘆

かわしいほど，私たちはますます確信を増し加えるべきです．なぜなら，悲惨な者たちだけでなく，すっかり絶望におちいっている者たちにも，神は御自身の恩寵を差し伸べてくださるからです」[64]．

これは今日のわたしたちにとって希望の言葉です．わたしたちは「最も重苦しい悲惨」のただ中で神に祈ることができます．わたしたちが抱える心配事の状況が悪ければ悪いほど，神に助けられて「私たちはますます確信を増し加える」べきです．わたしたちが悲惨な状態のとき，わたしたちは神に祈れるのです．しかも，わたしたちが「完全な絶望におちいっている」状況にあってさえ，わたしたちは神に祈ることができます（いや，祈らなければなりません！）．なぜなら，あらゆる状況の中で最も悲惨な事態に置かれている人たちにこそ，神は恵みを差し伸べてくださるからです．

あなたが助け主なる神に祈るのを妨げるものなどあってはなりません！

ふりかえり のための 問い

最悪の事態はどのように，これまで以上に熱心な祈りへとあなたを導くでしょうか？

---

〔64〕『聖書註解書』ヨエル書2章32節より．

44 聖霊がわたしたちの心を天国へと引き上げる

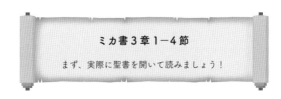

ミカ書3章1—4節

まず、実際に聖書を開いて読みましょう！

　わたしたちの心を神に集中しないまま，あたかもわたしたちがこなす単なる一過程として，祈りを軽率に ―― 気ままに ―― 扱うときがあります．これは非常に危険なときになりえます．ミカは政治的な支配者たちに，もし国民を圧迫し，公正をおこなわず，善を憎み，悪を愛するのなら（ミカ書3章2節を参照），「その時，彼らが主に助けを求めても，主は答えない．彼らが不正な行いをしたからだ」（同4節）と警告しました．これは実に深刻な警告です！

　聖書にはこれと似た数々のイメージがあり，わたしたちを戒める役目を果たします．しかも，それらは，そのイメージの真逆を追求するよう，わたしたちを駆り立てます．邪悪を愛することでも，国民を圧迫することでもなく，神が命じ，神が求めるように生きるとはどのような生き方なのでしょうか？カルヴァンはこのアプローチを採用して，次のように述べました．「人は神の霊によって導かれなければ，心から祈ることはできません．そして，聖霊の主要なつとめは私たちの心を天にまで引き上げることである，と私たちは知っています．なぜなら，信仰と悔い改めが伴わなければ，私たちの祈りは虚しいものとなるからで

す．聖霊以外に，信仰と悔い改めの創始者はいるでしょうか？[65]」.

　聖霊こそが，わたしたちの心を天にまで引き上げ，わたしたちが本来なすべき祈りを献げることができるようにしてくださいます．聖霊において，わたしたちは神に真摯に集中し，邪悪や自らの数々の悪行を退けた心で祈ります．わたしたちが神を呼び求めるとき，信仰と悔い改めを伴う祈りに，真剣に取り組みます．わたしたちは神の霊に，心と生活を導いてくださるよう祈り願い，その結果，わたしたちは神の御前にへりくだることができるようになります．

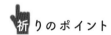 りのポイント

　あなたが神に集中しているかどうか，また神が望んでおられるような生き方に集中しているかどうかを見つめ直すために，自分の心と行為を吟味しましょう．神の聖霊があなたの心を神へと高めてくださるよう，真心からへりくだり，悔い改めつつ，祈りましょう．

---

〔65〕『聖書註解書』ミカ書 3 章 4 節より.

45　憂い，嘆き，思い煩いを打ち明ける

ハバクク書1章1—4節

まず、実際に聖書を開いて読みましょう！

　ハバクク書は，預言者が神に激しく嘆き叫ぶことから始まっています．「主よ，いつまで助けを求めて叫べばよいのですか．あなたは耳を傾けてくださらない．『暴虐だ』とあなたに叫んでいるのに，あなたは救ってくださらない」（ハバクク書1章2節）と彼は不満を口にします．これほどまでの，よりいっそう深く，よりいっそう怒りに燃え，よりいっそう絶望的な祈りを，わたしたちが想像することはほとんど不可能です．

　わたしたちがこのような言葉で神に語りかけているのではないかと思われるときもあります．わたしたちは心の底にある不満や怒り，絶望感を声に出してしまいます．手に負えないそれらを，わたしたちはただひとりのお方，すなわち神に言い表してもよいのです．わたしたちがそうするのは間違っているでしょうか？わたしたちが祈る際に，神に語る内容はもっと「控え目」であるべきなのでしょうか？

　カルヴァンはこの点に言及して，こう述べました．「どこでも，私たち一人ひとりが自らの憂い，嘆き，思い煩いを打ち明けて，それらを神の胸の内に注ぎ込むように，私たちは祈っているでしょうか？なぜなら，そのとき，神

は私たちが御自身ととても親密に接するのをお許しくださ
るので，自由に声に出して自らの思いを注ぎ込むときも，
私たちの祈りには間違いを指摘されるべき点は何もないか
らです [66]」．

　祈りにおいて，わたしたちはいっさいを神に言い表すこ
とができます．わたしたちは自らが感じていることに対し
ては率直になることができます．わたしたちは自らの心の
内奥の恐れや思い煩いや嘆きを言い表すことができます．
神はそのような祈りに耐えることがおできになります！
なぜなら，カルヴァンに言わせれば，神は「私たちが御自
身ととても親密に接するのをお許しくださる」からです．
わたしたちは心の内奥にある憂いを「神の胸の内に」注ぎ
出すことができます．

　これはわたしたちが与る最高の祝福です．神に対するわ
たしたちの感覚が最も激しくかき乱されていても，神に嘆
くことができるような関係の中に，神はわたしたちを招い
ていてくださいます．神はわたしたちの祈りを——そして，
わたしたちを——受け入れてくださいます！

祈りのポイント

　あなたの憂い，嘆き，思い煩いのすべてを打ち明けながら，
神に祈りましょう．あなたがそうした苦難を経験している
とき，神があなたの祈りを聞き，あなたを祝福してくださる
ことを信頼しましょう．

---

〔66〕 『聖書註解書』ハバクク書1章3節より．

46 群集ではなく密室を捜し求めよ

　イエスの時代には人が祈りをまさに公衆の面前で目立つように献げるのが普通だったのは明らかです．イエスは「人に見てもらおうと，会堂や大通りの角に立って祈ることを好む」（マタイによる福音書6章5節）「偽善者たち」に言及しました．そのような人たちは「その報いをすでに受けている」とイエスは言われました．彼らは群衆の目には敬虔な人たちと思われたかもしれません．しかし，彼らの祈りが実を結ぶことはないでしょう．こうした群衆たちからの讃辞こそ，彼らの唯一の「報い」です！

　そうならないよう，イエスはこう言われました．「あなたが祈るときは，奥の部屋に入って戸を閉め，隠れたところにおられるあなたの父に祈りなさい．そうすれば，隠れたことを見ておられる父が，あなたに報いてくださる」（同6節）．祈りは公衆の面前での見世物であってはなりません．祈りはわたしたちと神との間で交わされる心の内奥の対話です．

　カルヴァンはこう解説します．「私たちは，人々にその祈りで私たちを見てもらおうとして人々の集団の後を追うのではなく，密室を探すべきです」[67]．今日，わたしたち

は自分たちの祈りを聞いてくれる群衆を探してはいない
でしょうか．しかし，カルヴァンは核心に切り込みます．
つまり，イエスは「栄光への虚しい欲望の実情を率直に指
摘しておられます．その概要は，祈るときに，当人だけで
か仲間たちの間でかにかかわらず，採るべき祈りの態度と
は，神を密室の中での，この自分の証人のように思って向
かい合うことです〔68〕」．

栄光への欲望は多くの形態を採ってやってきます．しか
し，祈りにおけるわたしたちの唯一の「聴き手」は神で
す．神はわたしたちの「証人」であり，そしてその神に対
して，わたしたちは祈りを声に出して献げます．わたした
ちは他の人たちから誉めそやされるために祈るのではあり
ません．ただただ，わたしたちの主なる神に対してこそ祈
るのです！

ふりかえりのための問い

あなたの信仰が見られることや他者から褒められることを
求めるとすれば，それはなぜなのか自問しましょう．他者の
目に映る自分自身の栄誉ではなく，神の栄光だけを探し求め
ることができる方法について考えましょう．

---

〔67〕 『聖書註解書』マタイによる福音書6章5節より．

〔68〕 同上．

47　なぜ祈るのか？

マタイによる福音書6章7-8節

まず、実際に聖書を開いて読みましょう！

　わたしたちはなぜ祈らなければならないのかと問いたく
なるようなこと ―― 一方において，それは間違いなく真
実であるとわたしたちは承知してはいること ―― をイエ
スは言われました．わたしたちの師はこう言われます．「あ
なたがたの父は，願う前から，あなたがたに必要なものを
御存じなのだ」（マタイによる福音書6章8節）．カルヴァン
はこの点についてこう言いました．「もし私たちがそれを
求める前から，神が私たちに必要なものは御存じであるな
らば，祈りには何の益もないように思われそうです」．も
しそうなら，なぜ祈るのでしょう？

　カルヴァンは続けてこう説明します．「信仰深い人は，
神が御存じではないことを神に伝えるために祈っているの
でも，神の責務を催促しているのでも，神が返事を遅延し
ているので神を急かしているのでもありません．そうでは
なく，神に頼み求めよと自らに督促するため，そして，神
の約束を黙想することで自らの信仰を鍛えるために，また
自分自身を神の胸に引き寄せつつ，自らの心配事を打ち明

―――――――――――――――――
　〔69〕『聖書註解書』マタイによる福音書6章8節より．

けながら，しかも，最終的には，自分たちのためにも他者のためにも善いことのすべてを待ち望み，願い求めることができるのはただ神からだけだということを証しするために，祈ります」[70]．祈りの目的は，単に神に懇願することや自分たちの必要や欲求を神に頼むことを遙かに越えています．わたしたちは祈りにおいて，神に願い求め，神の約束について深く思いめぐらせ，わたしたちの思い煩いを神に打ち明け，神こそがあらゆる善 —— わたしたちにも他者にも，両方にとっての善 —— の根源であることを十分に受け入れます．祈りの中でたくさんのことが実践されます！

　カルヴァンはこう主張しました．「そこで，両方の点を保ち続けなさい．私たちの祈りは，神によって，その御自由において始められます．しかも，わたしたちが求めるものは祈りにおいて与ります」[71]．この全体像の中で，祈りは保たれています．なぜ祈るのでしょう？　神はわたしたちに必要なことを御存じですから，その必要を満たしてくださるでしょう．祈りは対話 —— 讃美，祈願，感謝も含む —— をとおして神と通じ合う手段であり，しかも，神の助けがわたしたちの元に届いてくる手段です．祈りましょう！

ふりかえり のための 問い

　神はわたしたちに必要なことを御存じであり，わたしたちが神と通じ合うための方法を与えてくださっている，というその不思議を思いめぐらしましょう．

---

[70]　同上．
[71]　同上．

48 神の栄光のために祈る

マタイによる福音書6章7—14節

まず、実際に聖書を開いて読みましょう！

　今回の聖書箇所で，イエスは弟子たちに祈るべき模範として主の祈りを与えています．この祈りはさまざまな状況でわたしたちが祈る，とても馴染み深い祈りです．その祈りに含まれる願いごとは，わたしたちの生活に必要なものを網羅するとともに，わたしたちが神に何をどう願うべきなのかを例示します．

　しかし，カルヴァンが記しているように，十戒には二枚の板 —— 一枚は神への献身に関すること，もう一枚は他者への隣人愛に関すること —— があったのとちょうど同じように，主の祈りもまた二つの部分，前半部は神の栄光に関すること，後半部はわたしたち自身に必要なものに関することから成ることを，わたしたちは理解する必要があります．この二つの部分の順序は重要です．カルヴァンが記したように，「私たちがただ自らと自らの関心事ばかりに思いを煩わせるのではなく，神の栄光を最優先にするときにのみ，私たちは，本来私たちが献げるべき祈りへと整えられることでしょう．なぜなら，私たちが自分のことばかりに心を用い，それよりももっと大事な神の国を無視するなら，それは実に愚かなことだからです」[72]．

わたしたちは天におられる神に対し，その御名が「崇められ」――聖とされ――ますようにと祈ります．わたしたちは神の御支配，または御国が到来し，神の御心が――この地上でも――おこなわれますようにと祈ります．これらの願いごとは，神の栄光こそ，わたしたちが祈るべき第一にして最優先のことである点を，わたしたちに示しています．それから，わたしたちの日々の糧，赦し，そして平安へと祈りは続いていきます．わたしたち自身のために祈る前に，神の栄光が目に見えるものとなり，地上全体に広がりますように，と祈ります．わたしたちは神に栄光を帰すために生きています．わたしたちの主の祈りは，わたしたちよりも最重要なもの――神の栄光――を堅持し続けます．

ふりかえりのための問い

　わたしたちは神の栄光のために祈ることができるだけでなく，どのようなしかたで，神の栄光を自分たちの生活の中で実行または実現することができますか？

---

〔72〕『聖書註解書』マタイによる福音書6章9節より．

IX 【祈り】 ヨエル書2章28節

　全能の神，どうかお聞き入れください．私たちは実に多くの助けを請い求めます．あなたがいつどんなときでも，絶えず支えてくださり，あなたの恵み深さをとおして本当に必要なものを満たしてくださらなければ，影のようなこの儚い人生を，私たちは一瞬すら生きていくことができません．——ああ，どうかお聞き入れください．あなたが与えてくださるたくさんの恩恵によって，私たちは実に多くの祝福に与らせていただきながら，私たちが自らの精神を高く上げ，あなたの福音によって，あなたが日々親切かつ丁寧に私たちを招いていてくださる天の御国へのいのちをさらに熱望することを学ばせてください．そして，あなたの天の御国で共に集い，御子の血によって私たちのために備えられている完全な至福を，私たちが享受するに至らせてください．私たちの主イエス・キリストによって．アーメン[73]

---

〔73〕『聖書註解書』ヨエル書2章28節の註解での祈り．

49 すべての祈りの目的地

　キリスト者たちの多くは，伝統的な頌栄または神讃美の言葉「国と力と栄とは，限りなく汝のものなればなり，アーメン」で，主の祈りをしめくくります．

　これはイエスが弟子たちに教えられた祈りの相応しい結び方です．それはイエス・キリストにおいて既に始まっており，しかも将来にそのすべてが満ち満ちて到来する神の御国を先取りしています．

　カルヴァンはこの頌栄を重視しました．彼はこう述べました．「それは私たちの心を神の栄光へ向けさせようと勉励するためや，あらゆる祈願の目的であるべきことを警告するためだけでなく，自らの益に重点を置いてしまう場合にも，私たちのすべての祈りはただ神以外に何の根拠ももたないことを私たちに伝えるために，私たちのためにこの箇所に配置され，付け加えられました」[74]．

　わたしたちのすべての祈りの目的地は神の御国 —— 天と地，今と将来における神の御支配 —— であるべきだということを，わたしたちは心に留めているでしょうか？

---

　〔74〕『聖書註解書』マタイによる福音書 6 章 13 節より．

このことを覚えておくことは，わたしたちの祈りが神の大いなる栄光に焦点を合わせていくことを意味します．わたしたちの祈りは —— 決してわたしたち自身にではなく —— 「神にのみ」基礎づけられるでしょう．わたしたちは自分たちの必要や願いごとを祈り求めますが，わたしたちは神を誉め讃えるため，そして神の御国に仕えるためにこそ，それらを祈り求めます．

神の御支配は到来しつつあります！それは既にイエス・キリストにおいてここにあります．キリストの弟子としてわたしたちが人生を生きるために，キリストの御旨に従うことによって，わたしたちは今日，神の御国を「生きる」ことができます．

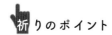 りのポイント

神の御国への讃美をあなたのすべての祈りに取り入れ，そして毎日，神の御国に仕えたいという自分の望みを言い表しましょう．

50 神の御心に適うことを願い求めよ

マタイによる福音書7章7-11節

まず、実際に聖書を開いて読みましょう！

　わたしたちの祈りの究極の目標は，自らの意志と望みを神の御心と御計画に一致させることです．まずもって，これが第一であり，最優先です．

　ウェストミンスター小教理問答のよく知られている問1は「人間の第一の目的は何ですか」と問い，「人間の第一の目的は，神に栄光を帰し，永遠に神を喜びとすることです[75]」と答えます．これは聖書の教えを反映しています．わたしたちが生きる上での目標，到達点，目的は，わたしたちの創造者，主なる神に栄光を帰し，誉め讃えることです．それ以外のすべては —— わたしたちの意志も願望も —— その後に来ます．これらは常に注意がはらわれ，わたしたちの心の底から現れ出る願いでなければなりません．神に栄光を帰すためには！

　神は祈る人たちに「善いもの」をお与えになる，とイエスは約束されました(マタイによる福音書7章11節)．しかし，イエスの生涯から，神の御心をおこなうこと，そして神に

---

〔75〕　翻訳は『改革派教会信仰告白集Ⅳ』（一麦出版社）の松谷好明訳に準拠する．

栄光を帰すことが，そのなすべき最優先課題だったことが，わたしたちにはわかります（たとえば，マタイによる福音書26章36−46節を参照）．つまり，それはわたしたちのためなのです．カルヴァンが次のように述べるとおり，「祈りにおいて確信をもって神に近づこうと望む人は誰でも，自らの心を抑制することを学ぶべきであり，しかも，神の御心に適わないものは何も願い求めるべきではありません」[76]．

祈りにおいて，わたしたちは神に対して素直になることができます．わたしたちは自分の心の内奥にあることや願いごとを神に尋ね求めることができます．しかし，それらは自分を顧みて神の御心に適う者でありたいという徹底した――しかも心の底からの――願望とともに，わたしたちは常に言い表すべきです．

わたしたちの心は神の上に，そして神の御心をおこなうことの上に置かれています．わたしたちは神の栄光のために生きることの中に，自らの最も深みのある目的を見出します．したがって，その目的から，わたしたちの祈り――神の御心に適うことを常に願い求める祈り――が立ち現れます．

ふりかえりのための問い

あなたはどのようにすれば，神の御心を第一に，しかも最優先に願い求めることに，自分の祈りの焦点を定めることができますか？

---

[76] 『聖書註解書』マタイによる福音書7章9節より．

51　祈りは決して拒絶されない

マタイによる福音書 9 章 27－30 節

まず、実際に聖書を開いて読みましょう！

　ある日，イエスは二人の盲人を癒しました．彼らはイエスに向かって大声で叫びました．「ダビデの子よ，私たちを憐れんでください！」．イエスは「私にできると信じているのか？」と彼らに尋ねました．彼らは「はい，主よ」と答えました．すると，イエスは彼らの目に触れて「あなたがたの信仰のとおりになれ」と言われました．そのとき，「二人は目が見えるようになった」（マタイによる福音書 9 章 27－30 節）のでした．

　この物語についてカルヴァンはこう記しました．「この物語は二人の盲人に対しておこなわれた特別な御厚意についてのものですが，私たちはイエスのこの発言から一般的な教えを十分に受け取れるものと思われます．つまり，私たちは（信仰をもって祈り続ける限り）自らの祈りが決して拒まれることはないということです」[77]．これはわたしたちにとって現在進行形の慰めです．わたしたちが信仰において祈るときには，神はいつもわたしたちの祈りを聞いてくださり，それに答えるのを拒むことは決してなさらないで

---

〔77〕『聖書註解書』マタイによる福音書 9 章 29 節より．

しょう.

　カルヴァンはこう続けました.「もし, 微々たる信仰し
かもち合わせていなかったはずのこの二人の男たちの願い
が叶ったのならば, ましてや, 聖霊の執り成しの賜物を具
え, 仲保者の犠牲に依り頼んで, 神のもとへ来る信仰者た
ちに叶うことは, 今日どれほど大きなものでしょう」[78]. 今
や, 信仰によって, 聖霊の働きをとおして, イエス・キリ
ストがどのようなお方であるのかがわかり, そしてわたし
たちのためのキリストの死による恩恵に与っているわたし
たちは, これまで以上にはっきりと, また直接に, 信仰か
ら起こされる自分たちの祈りは神によって聞かれ, 答えて
いただけることを信じることができます.

　わたしたちはキリストと聖霊の働きを信じる信仰によっ
て自分たちの祈りが決して拒まれないと確信します. 神は
いつもわたしたちの祈りを聞いてくださいます！

ふりかえり のための 問い

　自分の祈りが神によって決して拒まれないと信じることで
得られる, 現実的な恩恵は何ですか？

---

〔78〕　同上.

52　日々の祈り

マタイによる福音書21章1-9節

まず、実際に聖書を開いて読みましょう！

　棕櫚の主日にイエスがエルサレムに入城したとき、詩編
118篇25-26節の「どうか主よ、救ってください．どう
か主よ、栄をもたらしてください．祝福あれ、主の名によっ
て来る人に．私たちは主の家からあなたがたを祝福する」
に由来する祈りでイエスを讃美しながら、群衆はこう叫び
ました．「ダビデの子にホサナ．主の名によって来られる
方に祝福があるように．いと高きところにホサナ！」（マ
タイによる福音書21章9節）．「ホサナ」とは「わたしは祈る、
救いを」または「今、お救いください」を意味するヘブラ
イ語の表現です．これを口にすることで、神の助けによっ
てご自分の民を救ってください、とヘブライ人は祈ってい
ました．

　カルヴァンは「聖霊が……古代の〔旧約聖書の〕人々
を日々キリストの御支配を祈るよう……鍛えた」[79]だけでな
く、その凱旋のような入場の記事は「今日の私たちのため
にそれと同じルールが定められている」[80]ことを明らかにす

---

〔79〕　『聖書註解書』マタイによる福音書21章9節より．

〔80〕　同上．

ると指摘しました．この記事を引用しながら，カルヴァン
は，わたしたちが「日々の祈り」とよぶことができるもの
を，わたしたちに提供してくれます．

　わたしたちはキリストの御支配のために日々祈るべきで
す．これは，キリストの御支配が実行されるよう，日々神
に祈ることが，わたしたちにとっての情熱となるようにと
いうことです．イエスは主の祈りの中で「御国を来たらせ
給え」（同 6 章 10 節）と口にすることにより，そのことを
日々祈る道筋をわたしたちに与えてくださいました．この
世界と，そこに生きる人々に対する神の御心や御計画が明
らかにされるために，キリストの御支配によるキリストの
民 —— 教会 —— のためにわたしたちは祈ります．

　わたしたちの日々の祈りは，カルヴァンに言わせると，
人間によって「この御国が建てられるわけではない[81]」こと，
または「この御国は人間たちの力によって維持されている
のではなく，天上からの助けによって難攻不落となる[82]」こ
とを承認します．しかし，キリストの御支配がわたしたち
の間で現実のものとなるよう，わたしたちは祈り —— そ
して，今や働き —— ます！

祈りのポイント

　地球とそこに生きる人々全体にキリストの御支配を求めて
日々祈りましょう．

---

[81]　同上．
[82]　同上．

53 祈りの宝物

142

神の約束とわたしたちの祈りは一つに結び合っています．

神はまったく真実で，信頼できるお方です．神は仰せになったことを実行され，約束されたことを実現されます．このことが聖書の信仰の核心です．わたしたちは神の実在を信じ，神を信頼します．聖書では一貫して，神が約束をされるとき，それは成就しています．

わたしたちは祈るとき，神がすでに信仰の民と交わした約束に訴えることができ，さらに，神に約束の成就を願い求めることができます．イエスはこの点について次のように指摘されました．「信じて祈るならば，求めるものは何でも得られる」（マタイによる福音書 21 章 22 節）．

わたしたちは，神の約束は神の言葉から来ることを知っています．聖書はわたしたちに神の約束を与えてくれます．神が御自身の御子であるイエス・キリストを世の罪のために死んでくださる救い主として遣わしてくださったときに（コリントの信徒への手紙一 15 章 3 節），最大の約束が成就しました．わたしたちが神の言葉を読む際に神の約束に与ることができるのは，神が与えてくださるからであり，ま

たわたしたちが祈るからです．カルヴァンはこう記しました．「私たちに対しては，主から期待して約束されているものは何一つなく，祈りにおいて神に願い求めるよう命じられていないものも何一つないことが，私たちにはわかっています．したがって，主の福音によって示され，私たちの信仰が注視するその宝物を，祈りによって掘り当てるということこそが真実です」[83]．

わたしたちが「主の福音」の中に見出し，そして信仰をとおして，また祈りをとおして，自分自身のものにしていく神の約束をとおして，祈りの「宝物」はわたしたちに示されています．

祈りの宝物はわたしたちのもとにもたらされつつあるのでしょうか？ わたしたちが祈るとき，わたしたちは神の約束に与ることを期待しているでしょうか？ わたしたちは信仰によって，神の宝物から目を離さないでいるでしょうか？

ふりかえり のための 問い

あなたにとって神のどのような約束が特に意味深いでしょうか？ あなたは神の約束について祈るときがあるでしょうか？

---

[83] 『キリスト教綱要』3.20.2. より．

54 神の側から願い求める

　捕らえられ，十字架刑に処せられる前に，ゲツセマネの庭で祈られるイエスの姿は，聖書の中で最も痛々しい苦闘の場面の一つです．イエスは弟子たちに「私は死ぬほど苦しい」（マタイによる福音書 26 章 38 節）と語っていました．イエスは祈りの中で，「父よ，できることなら，この杯を私から過ぎ去らせてください．しかし，私の望むようにではなく，御心のままに」（同 39 節）と痛切に祈りました．

　わたしたちが知っているとおり，この悲しみの杯も死もイエスから過ぎ去ることはありませんでした．イエスは捕らえられ，そして十字架刑に処せられました．しかし，わたしたちはこの祈りの中に，神の御計画に自らを委ね，そしてすべてのことにおいて神の御心に従おうとしている，紛れもない人間イエスの姿を見出します．

　カルヴァンは，このイエスの姿からわたしたち自身の祈りについての教訓を引き出します．「神の御心とは違ったものとして現れ出た祈りが，それでも，どのようにして聖とされるのかを，私たちは目の当たりにします．なぜなら，神は，ご自身が定められたことを私たちが常に正確に，しかもためらいがちに願い求めることを望んではおられず，

むしろ，自分たちの知性が有益とみなせるものを神に懇願するのをお許しください」[84].

　これはわたしたちにとって励ましの言葉です．わたしたちは自らの祈りを神の御心に従わせようとする道へと常に方向づけるべきです．しかし，これはわたしたちが自らの祈りの中で正直になれないということを意味しているのではありません —— わたしたちは自らの希望や要望を神に伝えることができます．たとえ，わたしたちの心の底から願い求めているものが何であれ，それを神に「懇願」するような場合であっても，神は「祈りのすべてをえり分けなされる」でしょう．

　わたしたちは祈りの中で神の御心に自らを明け渡します．しかし，祈りの中で自らの願いも言い表します．神の御心と御計画は必ずや明らかにされる，とわたしたちは確信します —— そして，それらが明らかにされるとき，わたしたちは自らをそれらに委ねます．

祈りのポイント

　あなたが祈るとき心の底から欲していることを十分に言い表せる場合でも，常に神の御心に従っていけるよう、神の霊に助けを願い求めましょう．

---

〔84〕『聖書註解書』マタイによる福音書 26 章 39 節より．

145

X 【祈り】 アモス書 2 章 13 節

　全能の神，どうかお聞き入れください．あなたは，その独り子の血によって，私たちを贖ってくださっただけでなく，私たちがこの世での生涯の旅路の間，私たちを導いてくださり，本当に必要なものは何であれ，私たちに備えてくださっています．ああ，どうかお聞き入れください．あなたの数多くの御厚意に私たちが忘恩の輩となりませんように，そしてあなたから顔を背けて，自らの罪深い欲望の虜になりませんように．そうではなく，むしろ，私たちをあなたへの礼拝と絶えず結び合わせてください．決して私たちの罪をあなたに負わせることなく，むしろ，私たちが喜んで，真の服従において，自らをあなたにお委ねできますように．そして，遂に，あなたが，御子の血によって私たちに備えられている祝福の御国へと招き集めてくださるときまで，あなたの御名を誉め讃えつつ，私たちの身も魂も献げさせてください．アーメン[85]

---

〔85〕『聖書註解書』アモス書 2 章 13 節の註解の後の祈り．

55　祈り始める

マルコによる福音書9章14−29節

まず、実際に聖書を開いて読みましょう！

　ひとりの男が自分の息子をイエスのもとに連れて来ました．その息子は自分をけいれんさせる「霊」に取りつかれて，彼は話をすることもできませんでした（マルコによる福音書9章17−18節を参照）．イエスの弟子たちはこの霊を追い出すことができませんでした．そこでこの父親はイエスにこう言いました．「もしできますなら，私どもを憐れんでお助けください」（同22節）．

　イエスは答えられました．「『もしできるのなら』と言うのか．信じる者には何でもできる」（同23節）．するとすぐに父親は叫びました．「信じます．信仰のない私をお助けください」（同24節）．こうしてイエスはその息子を癒しました．

　「もしできるのなら」——これは折にふれてわたしたちが祈りについて取ってしまう態度を要約しています．祈りには時間をかける価値があるのかどうか，それに，祈りはわたしたちを助けたり益をもたらしてくれたりするのかどうか，わたしたちには——はっきりとは！——わかりません．祈りはその努力に見合うだけの価値があるのでしょうか？

　わたしたちがそう考えることを，カルヴァンはわかって

いました．彼はこう記しました．「信仰の最初の基礎は計りしれない神の力によりすがることです．祈りへの最初の入り口はすべての障害を乗り越えて身を起こすことであり，その結果，私たちは自らの祈りが虚しくなることはない，と堅く確信させられます[86]」．

　祈りは信仰の上に ―― わたしたちが祈るとき，神が祈りを聞き，わたしたちを助けてくださることを信じることの上に ―― 築かれます．信仰がなければ，祈りは虚しく，死んだも同然です．しかし，神の「計りしれない力」はわたしたちを助け出すことができる ―― しかも神はわたしたちを助けたいと望んでおられる ―― と信じるとき，わたしたちの祈りは自らの信仰を十分に表します．ですから，わたしたちは信じ，信じるからこそ，わたしたちは祈ります．

　あらゆる障害や疑念や不信感に抗して，わたしたちは祈ります．わたしたちは，自らの祈りが「虚しくなることはない」ことを信頼し，信じながら，祈りへと身を投じます．神はわたしたちの祈りを切望しておられます．わたしたちは自分たちの内側にあるすべてを神に委ねます．「もしできるのなら」 ―― ええ，神にはおできになります！

祈りのポイント

　神は祈りを聞いてくださり，お答えになることができるという信頼を表明することから祈り始め，またその信頼のゆえに神を讃美しましょう．

---

〔86〕『聖書註解書』マルコによる福音書 9 章 22 節より．

56　ただちに祈り始める信仰

150

　　イエスが実を結んでいなかった一本のいちじくの木を呪った後,弟子たちは「いちじくの木が根まで枯れていた」(マルコによる福音書 11 章 20 節)のに気づきました. イエスはそこで祈りの力についてお語りになりました. その偉大な力について, イエスは「神を信じなさい. よく言っておく. 誰でもこの山に向かって,『動いて, 海に入れ』と言い, 心の中で少しも疑わず, 言ったとおりになると信じるならば, そのとおりになる. だから, 言っておく. 祈り求めるものはすべて, すでに得られたと信じなさい. そうすれば,そのとおりになる」(同 22 − 24 節)と言われました. イエスは祈りと信仰を結び合わされます. 祈りにとって「信じること」は鍵となる重要な要素です.

　　カルヴァンはこの点を把握して,次のように記しました.「神への信仰をもつことは, 正確には, 私たちに必要なものは何であれ, 神から保証され, 神から期待できることを意味します. 私たちが幾らかでも信仰をもっているなら,信仰にはただちに祈りが生じ, そしてこの世に啓示されている神の豊かな恵みに到達します. 私たちはその恵みを享受すべきであり, キリストはそのようにして, 信仰に祈り

を付け加えられます．……真の信仰の試験は祈りのもとにあります[87]」.

　信仰者は，祈りをとおして，わたしたちに必要なものを神が備えてくださることを確信します．信仰が祈る道を与えてくれます．その道は聖書において啓示されている神の恵みの祝福へと通じています．実際に，カルヴァンに言わせれば，信仰の最も真正な試験は，信仰が祈りにおいて神に表明され続けているかどうかです．

　わたしたちは確信をもって祈っているでしょうか？　祈るとき，わたしたちは信じているでしょうか？　神を呼び求めるより一層深い信仰へと献身し，祈り始めましょう！

✊ 祈りのポイント

　あなたの祈りの中で，神に献げる祈りを，神が聞いてくださり，答えてくださることを，あなたは確信していると言明しましょう.

<hr>

[87] 『聖書註解書』マタイによる福音書 21 章 21 節より.

57 日毎に必要なものへの祈り

ルカによる福音書 11 章 1-4 節

まず、実際に聖書を開いて読みましょう！

　　わたしたちは将来のために計画することに慣れています．わたしたちはこれからの自分に必要になるものを見越して経済的な計画を立て，そうして，わたしたちはそれを満たすための資産を準備しようとするでしょう．

　　こうした計画性にはその然るべき場があります．しかし，わたしたちの多くは —— 日から日へという —— 基本的な生き方をしています．わたしたちはその日その日に幾つもの必要なものがあり，その日その日にこれら必要なものが満たされることを望みます．

　　これが荒れ野で生きてきたイスラエルの子孫の生き方です．神はイスラエルの民を養うために「マナ」を与えました．マナは夜の間に彼らにもたらされ，そして，神はこう命じられました．「民は出て行って，毎日，一日分を集めなさい」（出エジプト記 16 章 4 節）．神はその日その日に彼らに必要な分を与えました．

　　主の祈りの中で，イエスはわたしたちに，日毎に経験する必要なもののために神に祈るよう命じられました．わたしたちは「我らに必要な糧を今日も与えたまえ」と祈ります．わたしたちは信仰によって生きています．その信仰と

は，神がわたしたちに必要なものをその日その日に与えて
くださり，わたしたちに必要なものを明日も同じように与
えてくださるにちがいない，と信じる信仰です．カルヴァ
ンはこの点について，次のように述べています．「私たち
は，このことを確信して，日から日へ，その日毎に必要な
ものだけを願い求めるようにと命じられています．こうし
て，私たちの天の父が今日私たちを養ってくださっている
のですから，明日になって私たちを見捨てはしないでしょ
う」.[88]

　わたしたちはこのような生き方をしているでしょうか？
わたしたちが日毎に必要なもののために祈るとき，神に対
する自らの信仰と信頼を言い表しているでしょうか？わ
たしたちの信仰がみずみずしく朝毎に新しくされているこ
とを表すために，そうすべきです．ちょうどイスラエルの
民がマナを貯め置きできなかったのと同じように，わたし
たちは信仰を「貯め置き」できません．わたしたちは日毎
に，神がわたしたちに必要なものを今日も，そしてすべて
の明日も，与えてくださることを確信して，神に依り頼み，
信頼します！

りのポイント

　あなたが日毎に必要なものを表明できるよう，神の助けを
　求めて祈りましょう．

---

〔88〕 『キリスト教綱要』3.20.44. より.

58 執拗に祈り続ける

イエスは祈りに固執することを一つの譬え話によって語られました（ルカによる福音書 11 章 5－8 節）。ある夜中に，一人の男が三つのパンを友人から借りる必要がありました。眠っていたその友人は彼を助けたくはありませんでした。しかし，男が執拗に願い求めたので，その友人は不憫に思うようになりました。もしある人がそのしつこさのゆえに同じことをその相手にするとしたら，それ以上に，神はきっと祈りを献げる人たち —— 執拗に祈り続ける人たち —— の祈りに答えてくださるでしょう！

カルヴァンはこう解説しました。「信仰深い人が落胆感を募らせることに正当な理由など何もありません。もし彼らが自分たちの要求しているものを直ちに得られない場合，あるいは，願い求めているものが成就するのは困難だと思われる場合であっても，さらに同じように，ある人があなたに何かを喜んではしてくれない場合でも，人々にしつこく願い求めて強要することができるのであれば，私たちは疑うことなく，神は私たちの祈りに注意をはらってくださるという確信をもつべきです。もし私たちが意を決してその一点に固執するならば，答えの遅延や困難を経

ても，私たちの心が萎えてしまうようにはさせられないで
しょう[89]」．

　これはわたしたちが祈るときの，わたしたちにとって希
望の言葉ではないでしょうか？ 神の善性はどんな人間の
善性をも凌駕します．もしある人が他者をそのしつこさゆ
えに助けるのならば，それ以上に，神はわたしたちを助け
てくださいます！ それを遥かに超えて，神はわたしたち
を言い表しようもないほどに愛してくださいます．神はわ
たしたちの祈りに答えたいと望んでおられます．イエスは
こう言われました．「求めなさい．そうすれば与えられる．
……誰でも求めるものは受け，探す者は見つけ，叩く者に
は開かれる」（同9－10節）．

　わたしたちの祈りが「すぐに，願いどおりに」答えられ
ないからといって，わたしたちは神への信仰を，また祈り
における自らの信仰を，意気消沈させたままにしてはなり
ませんし，落胆感を募らせたままにしてはなりません．祈
りに固執するのです！

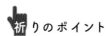

祈りのポイント

　祈りに固執しましょう――どんなときも祈り続けましょ
う．

---

〔89〕『聖書註解書』ルカによる福音書11章5節より．

59 窮乏や欲求から祈る

```
ヨハネによる福音書 11 章 1−44 節
まず、実際に聖書を開いて読みましょう！
```

　ヨハネによる福音書 11 章に記されている，イエスによる友人ラザロの復活は，神の憐れみとイエス・キリストにおいて死者を甦らせるために神が具えている力をわたしたちに感動的に示します．

　ラザロの姉であるマリアとマルタはイエスに，助けを懇願する，あるいは祈り願うメッセージを送りました（同 3 節）．彼女たちの嘆願は，簡潔ながらも心の奥底からのものでした．イエスだけが助けることができるとわかっていたので，イエスを頼りました．イエスの助けを熱望しました．しかし，ラザロはやがて亡くなりました（同 11 節）．

　カルヴァンは，祈りのルールの一つについてこのように特筆しました．「私たちの嘆願の中で，自らの不足を自覚し，熱心に，自分たちが求めるものすべてがどれほど必要かを真剣に考えながら，どうしてもそれを得たいという真剣な ── それだけでなく，燃えるような ── 希求を祈りに加えることです」．ラザロの物語の中で，マリアとマルタがそのようなしかたでキリストに対して働きかけている

―――――――――――――――――

〔90〕 『キリスト教綱要』3.20.6. より．

と，カルヴァンは理解しました．「主要なことは，神が救済策を備えてくださるようにと，心配事や自分たちを苦しめるものは何であれ神の胸の内に委ねること[91]」を，彼女たちは示しました．この姉妹はそうしたのです．そして，「キリストの愛から，彼女たちは助けていただけるとの信頼を抱くことになる[92]」のです．彼女たちは信じました．カルヴァンはこう続けます．「これは真の祈りにおける不朽の規則です．なぜなら，神の愛があるところには，目の前に確実な救いがあるからです．神は愛しながら見捨てるようなことはなさいません[93]」．

　わたしたちは自らの必要や求めを超えて祈ります．わたしたちを遥かに超えた神の力強い救いの御手を捜し求めます．必要なもののための援助を熱心に求めます．神はわたしたちを助けることを望まれると確信しながら，「神の胸の内に自らの心配事を委ね」ます．神はわたしたちを愛してくださっているのですから，神がわたしたちを見捨てることはありません！

祈りのポイント

　あなたの心の内奥から必要とするもの，希求するものについて祈りましょう．神の慈愛に満ちた憐れみとあなたを助けてくださる神の力を覚えながら，自分自身すべてを神に委ねましょう．

---

〔91〕　『聖書註解書』ヨハネによる福音書 11 章 3 節より．
〔92〕　同上．
〔93〕　同上．

60 神のもとへ飛び立ちなさい

ヨハネによる福音書 15 章 1－11 節

まず、実際に聖書を開いて読みましょう！

イエスは弟子たちと数々の約束をなさいましたが，それ
らは今日のわたしたちにとって非常に意味深いものです．

最も慰めに満ちたイエスの約束の一つは「あなたが私に
つながっており，私の言葉があなたがたの内にとどまって
いるならば，望むものを何でも願いなさい」（ヨハネによる
福音書 15 章 7 節）です．

これはわたしたちがキリストに近づけること，そして，
わたしたちの祈りは聞かれ，答えていただけることの重大
な保証です．カルヴァンはこう記しました．「キリストの
内にある人々に不足しているものが何であれ，彼らの乏し
さのために備えられていて，神に求めればすぐにでも見つ
かるような救助があります．これは非常に有益な訓告です．
なぜなら，主なる神はしばしば，もっと熱心に祈るように
と，私たちを鍛えるために，乏しいままにしておかれるこ
とがあるからです．もし私たちが神のもとへと飛び立つな
ら，願い求めるものが不足することなど決してないでしょ
う．それどころか，神の無尽蔵の豊かさから，神は必要な
ものをすべて与えてくださるでしょう（コリントの信徒へ
の手紙一 1 章 5 節）[94]」．

これは，わたしたちには「打ち出の小槌」——すなわち，わたしたちが欲するものは何でも祈ることができ，そしてわたしたちのどんな望みも叶うこと！——があるかのように思わせるかもしれません．確かに限界などありません！まさに青天井です！しかし，イエスが語られる祈りとは，わたしたちの内に宿るキリストの言葉と教えから湧き出るものであることを，イエスは明らかにします．カルヴァンが述べたように，「私たちは信仰によってイエスの中に根を下ろす」とイエスは伝えているのです．「私たちの思いのすべてを神の御心に」従わせるとき，わたしたちは正しく祈ります．

159

しかし，その約束は平易なものです．わたしたちが「キリストのもとへ飛び立つ」とき，願い求めるものに事欠くことはないでしょう．神は御自身の愛と配慮の「無尽蔵の豊かさ」から，わたしたちに授けてくださるでしょう．イエスの言葉が保証します．神は，願い求めるものすべてを……そしてわたしたちになくてはならないものすべてを与えてくださいます！

ふりかえりのための問い

あなたが神に訴えた祈願について，またあなたが受け取った答えについて考えましょう．神はあなたが祈り求めたものを与えてくださいましたか？神はあなたに必要なものを与えてくださいましたか？

---

〔94〕『聖書註解書』ヨハネによる福音書 15 章 7 節より．

XI 【祈り】オバデヤ書 21 章

　全能の神，どうかお聞き入れください．私たちは，この世の生涯の旅路においてあまりにもばらばらに分裂しているせいで，あなたの教会の中でひどく反目し合う悲惨な分裂があり，恐ろしい光景さえ目の当たりにします．どうかお聞き入れください．あなたの聖霊の真の力をもって耐え抜いていけますように，そして一つに結集して，私たちがお互いに〔愛情のこもった〕思いやりを育んでいけますように．そうして，一人ひとりが互いに助け合うことに励み，また同時に，私たちの視線をイエス・キリストにしっかりと注がせてください．そして，厳しい試練がわたしたちを待ち受けていても，常にイエス・キリストの配慮と守りのもとにあって，耐え忍ぶことができますように．どうか，わたしたちの闘争を終わらせてください．そしてついには，あなたが約束してくださっている，天においてわたしたちのために蓄えられている，あなたの御子キリストの血によって備えられた，祝福に満ちた憩いを享受させてください．アーメン[95]

---

[95] 『聖書註解書』オバデヤ書 21 章の註解の後の祈り．

61　遅延に倦み疲れてはならない

使徒言行録 1 章 12－14 節
まず、実際に聖書を開いて読みましょう！

　　イエスが天に昇られた後の弟子たちの共同体（使徒言行
録 1 章 6－11 節を参照）の一員になっていると想像してみ
てください．そのとき，彼らはイエスが約束された聖霊の
到来を待っていました（同 4－5 節を参照）．あなたは聖霊
を待っていることでしょう．しかし，あなたが待っている
間に，他の弟子たちと一緒に祈ることにも参加することに
もなります．「彼らは皆，女たちやイエスの母マリア，ま
たイエスの兄弟たちと心を合わせて，ひたすら祈りをして
いた」（同 14 節）．弟子たちの信仰は彼らを祈りへと導き
ました．

　　カルヴァンに言わせれば，「キリストが聖霊をすぐにお
遣わしになることもおできになったにもかかわらず，しば
らくの間弟子たちを待機させられた中での，彼らの忍耐の
訓練[96]」でした．これを弟子たちは経験しました．そして，
わたしたちも同じ様に経験します．カルヴァンはこう続け
ました．「神はしばしば遅らせて，私たちを思い悩ませる
ままにしておくと思われるかもしれませんが，それは堅忍

〔96〕『聖書註解書』使徒言行録 1 章 14 節より．

の習慣を教え込むためなのです。私たちの祈りの倦み疲れは有害で，致命的で，悪弊ですらあります。ですから，神がその欠点を正されることに何も驚くことはありません。その一方で，私が言いたいのは，神は私たちが絶えず祈り続けるようになるために鍛えておられるということです。したがって，もし私たちが虚しく祈りたくないのなら，遅延に倦み疲れてはなりません[97]」。

遅延に倦み疲れてはなりません —— わたしたちにとって，何と重要でありながら，何と難しいメッセージでしょう！わたしたちは日毎，月毎に祈るでしょう……，そして，……待ちます。わたしたちの待機によって，神はわたしたちの祈りを聞き，答えてくださると信じるのを思いとどまらせようとすることさえあります。しかし，わたしたちは耐えて祈り続けます。わたしたちが祈るとき，神は働きの最中にいてくださることを信頼し，信じています。苛立ちはわたしたちの信仰をむしばみます。堅忍をとおして，わたしたちの信仰は強められていきます。神の遅延に倦み疲れてはなりません！

ふりかえり のための 問い

あなたの祈りに神が答えてくださるのを待っている間，あなたは何度も繰り返し自分自身のこととして，何を語り続けていますか？

---

[97] 同上．

62 絶えず祈る

　パウロは頻繁に祈り，そして自分と同じ様に祈るよう，皆に説きました．祈りはパウロの信仰生活の土台でしたし，わたしたちにとってもまさしくそのとおりです．

　祈りにおいて，わたしたちに必要なものや他の人たちに必要なものを神の御前に訴えます．この祈りの網の目のような広がりについて，彼がローマの教会に宛てて手紙を書いたときに，「祈るときにはいつもあなたがたのことを思い起こし」（ローマの信徒への手紙 1 章 9 節）ています，とパウロは表現しました．彼は他の教会の信仰者たちにも同じメッセージを送りました（エフェソの信徒への手紙 1 章 16 節，フィリピの信徒への手紙 1 章 4 節を参照）．これらの言明において，さらにパウロは「絶えず」献げられた自らの祈りの持続性も強調しました．「絶えず祈りなさい」ということは，テサロニケの教会に伝えた指導の中に明示されています（テサロニケの信徒への手紙一 5 章 17 節）．

　カルヴァンは「主御自身がそのような目的のために寂しい場所を捜し求められたことからわかるとおり，聖徒たちが心して献身すべきは祈ることです．しかしながら，それと同時に，パウロは，自らの祈りの習慣に関しては，自分

がたゆまずに祈ることに献身したと主張しつつ，頻繁に祈ること，もっと正確に言えば，絶えず祈ることを告示します[98]」．

「絶えず祈りなさい」とはわたしたちにとって —— いつの時代にも —— 重要な注意喚起です．わたしたちの祈りは常に言葉によるもの，または口頭で言明されるものとは限りませんが，「絶えず」祈るために自らを支える心構えを保ち続けることができます．わたしたちがそうするのは，精神の最前面に神と神の目的を置き，そして祈りに覚え —— そして働きかける —— 他者に必要なものに対して，常に敏活であり続けるようになるためです．祈りは，聞こえようとなかろうと，言葉によって喚発される信仰の姿勢です．自分の外に目を向けるとき，わたしたちは他者のために祈ります．自分の内に目を向けるとき，わたしたちは自らのために祈ります．絶えず祈りましょう！

165

ふりかえりのための問い

　あなたが「絶えず」祈ることを実行する場合，どのような祈り方になりますか？

────────────

[98] 『聖書註解書』ローマの信徒への手紙1章9節より．

63 聖霊が祈りを駆り立てる

ローマの信徒への手紙8章26－27節

まず、実際に聖書を開いて読みましょう!

わたしたちがいつ祈ろうとも，自分たちの心を祈りへと突き動かしてくださる聖霊に感謝することができます．

聖霊と祈りは結びついています．聖霊の働きがわたしたちの祈りを生じさせることを，パウロは指摘しました．聖霊が祈りを惹き起こし，そしてわたしたちのために執り成してくださいます．パウロは「霊もまた同じように，弱い私たちを助けてくださいます．私たちはどう祈るべきかを知りませんが，霊自らが，言葉に表せない呻きをもって執り成してくださるからです」（ローマの信徒への手紙8章26節）と記しました．

カルヴァンはこの点に関して，こう展開しました．「したがって，霊が私たちの祈りの方法を指示してくださらなければなりません．……霊は私たちの心の中で，神に対して表明するに相応しい祈りを喚起します．……祈りがその熱意によって天にまで達するというしかたで，霊は私たちの心を動かします．……私たちは門を叩くよう命じられています．しかし，神が，御自身の聖霊の密かな刺激によって，私たちの魂に入るために扉をノックしてくださり，そのようにして，私たちの心を神御自身に開いてくださらな

ければ，誰一人，自発的に自分の心からは，祈りの言葉の一音節すらも思いつかないでしょう[99]」．

　聖霊はわたしたちが祈る前から，そして祈っている間も祈った後も，働いておられます．聖霊は「わたしたちを包み込んでいます」！ わたしたちの祈りへの喚起は，わたしたちの心を神へと開く聖霊からもたらされます．この刺激に従うとき，聖霊はわたしたちを熱心な祈りへと導きます．（いわば！）天国の扉を「叩く」とき，神はわたしたちの祈りを聞いてくださいます．そのとき，聖霊はわたしたちのために執り成してくださっています．

　わたしたちは決して孤独に祈るのではありません．自らのためにできないことをわたしたちに代わってしてくださりながら，聖霊がいつもわたしたちと共にいてくださいます！

祈りのポイント

　あなたは祈りの中で，あなたを祈りへと促し，あなたが何を祈るべきかをさし示す聖霊の働きに，特に注意をはらいましょう．そして，聖霊はあなたのために絶えず執り成し続けていることを信じましょう．

---

[99] 『聖書註解書』ローマの信徒への手紙 8 章 26 節より．

64　聖霊がわたしたちの教師である

ローマの信徒への手紙 8 章 26－27 節

まず、実際に聖書を開いて読みましょう！

　　わたしたち自身に任されたのでは，わたしたちの祈りは
グラグラとふらついて，失敗してしまうでしょう．正しい
言葉づかいで祈れていないのではないか，あるいは自らの
思いを言い表せていないのではないか，と気になります．
神はわたしたちの祈りを聞いていてくださることを確信し
ながら（ヨハネの手紙一 5 章 14 節を参照），人生に対する神
の聖なる御心を尋ね求めるとき，わたしたちは祈りつつ，
そのために自らの精神と心をどこへ向けることができるの
かが問われます．

　　しかし，わたしたちは望みのない状況に置き去りにさ
れているのではありません！ カルヴァンはこう記します．
「神はこの弱さを助けるために祈りの教師として聖霊を私
たちに与え，この教師が正しい祈りとは何かを教えるとと
もに，私たちの思いを整えてくださいます．なぜなら『霊
もまた同じように，弱い私たちを助けてくださいます．私
たちはどう祈るべきかを知りませんが，霊自らが，言葉に
表せない呻きをもって執り成してくださるからです』（ロー
マ 8：26）．これは実際に聖霊が祈ったり呻いたりするわけ
ではなく，聖霊はそのようにして，生来の力では全く把

握できない信頼，願望，慨嘆を私たちの内に起こされます」[100].

これこそわたしたちの唯一の希望ではないでしょうか？もしわたしたち自身に任されたなら，わたしたちの祈りは，主に相応しいものとして，神の御眼にあたいする，または完全な状態に達することなど決してありえません。しかし，神は「正しい祈りとは何かを教える」ために，また，神が欲しておられることを考えたり感じたりするために，そして神の御心を捜し求めるべく，わたしたちを導くために，聖霊を「祈りの教師」として与えてくださっています。

パウロはこのことを約束しています。つまり「私たちはどう祈るべきかを知りませんが，霊自らが，言葉に表せない呻きをもって執り成してくださる」（同 26 節）と．今や，わたしたちが祈るとき，わたしたちには最も偉大な希望があります！聖霊がわたしたちの言葉，思考，感情を捕らえて，それらを神の現臨の只中に伴ってくださいます！

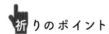 **りのポイント**

神の聖霊に，あなたの言葉を捕らえて，それを神の現臨のただ中に伴ってくださるよう，願い求めましょう．

---

[100] 『キリスト教綱要』3.20.5. より.

65 真の信仰は祈りを促進する

ローマの信徒への手紙 10 章 14―17 節

まず、実際に聖書を開いて読みましょう！

祈りと信仰は常に相関しています．祈りは真の信仰を土台として献げられます．真の信仰が常に祈りへと駆り立てます．

パウロは修辞学的にこう問いかけました．「それでは，信じたことのない方を，どうして呼び求めることができるでしょう」（ローマの信徒への手紙 10 章 14 節）．もし人々が，イエス・キリストの内に啓示されている神を信じていなければ，神に祈ることなどできません —— そもそも祈らないでしょう．パウロはキリスト教における説教の必要性について —— この世界に示され，この世界から信じられるために，キリストの内に啓示されたお方であるこの神について —— の議論へと展開していきました（同 14―17 節）．

信仰と祈りは繋がり合っています．カルヴァンによれば，「唯一真の信仰は神への祈りを伴う信仰です．これまでに善なる神を実感したことのある信仰者が，祈りの全体においてその至福を熱望するのを止めることなど不可能です[101]」．祈りにおいて，わたしたちの信仰は何度も繰り返し

---

〔101〕『聖書註解書』ローマの信徒への手紙 10 章 14 節より．

鍛えられます．祈りにおいて，わたしたちは「善なる神」
を思い起こします．この善なる神が信仰の物語であるキリ
スト者の物語の全体を形作ります．

　わたしたちが祈るとき，イエス・キリストの贖いに関す
るキリスト教の物語がわたしたちに実現した数々の事例を
詳しく語ることが重要です．わたしたちの創造における神
の恵み，聖霊の働きをとおしてのキリストを信じる信仰へ
のわたしたちの招き，キリスト者としての人生の初めから
終わりまで導き，教導する摂理，そして神がわたしたちに
与えてくださる永遠のいのちの将来を，わたしたちは思い
起こします．これらがわたしたちの信仰の骨組みを成して
います．わたしたちの祈りの中で，「善なる神」を常に讃
美しましょう！

ふりかえり のための 問い

　どのようなしかたで，あなたを常に祈りへと導く自分自身
の信仰について語ろうと思いますか？

66 忍耐強く祈りなさい

わたしたちは自らの祈りの生活に落胆してしまうことがよくあります．キリスト者であるわたしたちは，真のキリスト者たちへのパウロの命令 —— 「希望をもって喜び」そして「苦難に耐え」なさい（ローマの信徒への手紙 12 章 12 節）—— に従いたいと思います．しかし，希望が明滅したり，揺らいだりすることもありえることを，それに，苦難を被っている間の忍耐はイエス・キリストの弟子として対処しなければならない最も難しい事柄の一つであることを，わたしたちは知っています．

わたしたちがこうした困難に……あるいはもっと多くの難局に直面するとき，何をどうすべきでしょう？

ローマの信徒への手紙 12 章 12 節で，次のパウロの命令は「たゆまず祈り」なさいです．これはわたしたちにできることの一つです．わたしたちは，希望を作り出したり，忍耐力を生み出したりはできないかもしれません．しかし，わたしたちには祈ることができます．わたしたちは祈れますし，祈り続けることができます．

カルヴァンはこう記しました．「パウロは，ただ単に私たちに祈るよう促すだけでなく，はっきりと堅忍を要請し

ます. なぜなら, 私たちの闘争は絶えることがなく, 日々
さまざまな襲撃に遭うからです. 最も強い人でさえ, 新し
い力を何度でも獲得することなしに, これらの襲撃に耐え
ることができません. しかし, 不断の祈りこそが, 疲れ果
ててしまわないための最善の治療薬です」[102].

　祈りの経験は, 人生という「長距離走」のスタートから
ゴールまで, わたしたちが取り組む実践であることを教え
てくれます. 祈ること, そしてその結果に与ることは, 大
抵の場合, すぐに用意されるわけではありません. 人生に
おける苦しい試練や難局の初めから終わりまで, そのただ
中で, わたしたちは祈ります. わたしたちは自らの人生の
いかなる折にも一貫して勤勉に祈りながら, わたしたちの
祈りを聞き, 答えてくださる神を信頼します.

　生きるのが厳しく辛い時こそ, カルヴァンに言わせれば,
わたしたちには「新しい活力」が必要です. 忍耐強く祈り
ましょう!

ふりかえり のための 問い

　あなたがここ数年来の自身の祈りの生活を顧みて, たとえ
希望が試練を受けたときや, 苦しんでいるときでさえ, 祈り
があなたを新しくすることに, どのようにして気づきました
か?

─────────────

〔102〕『聖書註解書』ローマの信徒への手紙 21 章 12 節より.

XII 【祈り】 ミカ書4章10節

　全能の神，どうかお聞き入れください．あなたの教会は，実にしばしば意見や立場がバラバラになり，真っ向から対立してしまいますが，私たちはあなたの御子の導きのもとに，あなたの教会という体の中に，互いに一つに結び合わされています．どうかお聞き入れください．信仰における一致を私たちに保たせてくださり，忍耐強くこの世のあらゆる誘惑に立ち向かっていけますように．そして，たとえどんな試練が日々新たに起きようとも，決して正しい道筋から逸脱することがありませんように．私たちは多くの死の危険にさらされていながらもなお恐怖の虜にならず，私たちの心の中からあらゆる希望を絶やすこともありませんように．むしろ逆に，私たちの目も心も，また思いのすべても，あなたの大きな御力へと高めることを学ばせてください．それによって，あなたは死者を甦らせ，無から存在していなかった物事を引き起こされるお方ですから，私たちが日々滅びの危険に晒されているとしても，私たちの魂に永遠の救いをこれまで以上に熱望させてください．ついには，あなたこそが，最終的にいのちの源泉であられる御自身を現実的にお示しくださり，あなたの独り子である私たちの主の血潮によって用意されている無限の至福を，私たちが喜んで享受するときに至るまで．アーメン[103]

---

〔103〕『聖書註解書』ミカ書4章10節の註解の後の祈り．

67　神の無償の恩恵による和解

コリントの信徒への手紙二 5 章 16−21 節
まず、実際に聖書を開いて読みましょう！

　人生の中でわたしたちが祈るべき最も重要なことの一つが，神との正しい関係を保ちながら生きられますように，ということです．

　もし，自分が罪人であるということ —— 神が望むとおりではなく，自分たちの望むとおりに人生を生きており，神の命令を破り，愛を失い，神がわたしたちに求める信頼を欠いていること —— を認識するなら，わたしたちは今や自らの創造者と和解する必要があることを実感する罪人です．

　パウロは「神はキリストにあって世をご自分と和解させ，人々に罪の責任を問うことなく，和解の言葉を私たちに委ねられたのです」（コリントの信徒への手紙二 5 章 19 節）と述べて，神の大いなる愛を強調しました．神はイエス・キリストにおいてわたしたちと和解することをお選びになりました —— それはわたしたちが何者であるかによるのではなく，神がどのようなお方であるのかによるのです．

　カルヴァンはエレミヤ書 36 章 7 節を註解した際に「神の無償の恩恵」に言及しました．彼はこう記しました．「なぜなら，もしある人が言葉だけで神との和解を捜し求めて

も，その人は失敗するでしょう．方向転換または回心は祈りから切り離すことができません．そうではなく，ひとりの罪人が何千回と悔い改めたとしても，なお神の裁きにさらされ続けることでしょう．なぜなら，私たちを赦免する和解は，悔い改めに依拠したものではなく，神の無償の恩恵に依拠したものだからです．というのも，神は私たちがより良い精神に変わったのをご覧になったから，回心が赦しの条件であるかのように私たちを恩恵に与らせたのではなく，ご自身の無償の慈しみに従って，私たちを抱き入れてくださるからです」[104].

神との和解はわたしたちの業（働き），わたしたちの言葉，あるいはわたしたちの「悔い改め」に基づくものではありません．神がわたしたちと和解してくださるのは，わたしたちがなそうと試みることによりません．イエス・キリストにおいて，キリストの慈しみ —— キリストの純粋な恵み —— が，わたしたちに必要な赦しと和解をもたらしてくれます．

ふりかえり のための 問い

神と和解しようと努めることと，わたしたちの和解の手段として，キリストにおける神の恵み深く愛に満ちた慈しみに与ることの間の違いをよく考えましょう．

---

〔104〕『聖書註解書』エレミヤ書36章7節より．

68　わたしたちは神が答えられる方法を決めこまない

コリントの信徒への手紙二 12章1−10節

まず、実際に聖書を開いて読みましょう！

　　信仰においてわたしたちが神に願い求めるものは何であ
れ，わたしたちに与えられる，と聖書は多くの箇所で述べ
ていることを，カルヴァンは記しています．しかし，パウ
ロは三度にわたって神に取り除いてくださいと願い求めた
自身の肉体の「棘」（コリントの信徒への手紙二12章7節）
について言及しますが，取り除かれることはありませんで
した．パウロは信仰において祈ったにもかかわらず，自分
が願い求めたものを得ることができませんでした．

　　カルヴァンは「願い求めるものには二種類ある」と言い
ました．一つには，わたしたちがまったくそれにあたいし
ないにもかかわらず，聖書の確かな約束によって，わた
したちが願い求めることができるもの ── 神の国，赦し，
等々 ── があります．もう一つには，わたしたちの益と
なるはずであると想像するものが ── そして，これらに
ついてわたしたちは誤解するかもしれないものも ── あ
ります．カルヴァンはこう主張しました．「私たちは，まっ
たき確信をもって，何の保留もなく，確実に約束されてい
るこれらのものを願い求めます．しかし，その手段を定め
るのは私たちではありません．それに，もし私たちがその

答えの手段を指定するなら，常に私たちの祈りには，その中に表現できない条件を含むことになりかねません」[105]。

したがって，神がわたしたちにある一定の方法で，または特定の手段をとおして答えてくださることを，わたしたちは求めてはなりません．しばしば，神はわたしたちが予想だにしない方法を用いられます．神はパウロの祈りにこういうしかたで答えられました．「私の恵みはあなたに十分である．力は弱さの中で完全に表れるのだ」（同12章9節）．

祈りをワクワクさせるのはこれです！ 神がわたしたちの祈りを聞き，答えてくださることを信じます．しかし，いつ，どのように神の答えがもたらされるのか，わたしたちにはまったくわかりません．わたしたちが望むとおりに答えがもたらされないからといって取り乱すことはありません．わたしたちにとって何が最善であるのかを御存じである神を，わたしたちは信頼します．わたしたちは神に献げた祈りに，神がどのようにお答えくださるかはすべてお委ねします！

ふりかえり のための 問い

あなたが予想もしなかった方法で，神があなたの祈りに答えてくださったときのことについて考えましょう．あなたは，これらが答えだと敏感に気づきましたか？

---

[105] 『聖書註解書』コリントの信徒への手紙二 12章8節より．

69　天国への鍵

　わたしたちと神との間には大きな隔たりがあります．この隔たりがあるのは，わたしたちが人間であり，神は神だからです．さらには，その隔たりは人間の罪のゆえに存在します．罪は，わたしたちをその交わりから遠ざけるとともに，神が創造された被造物との間に保ちたいと望んでおられる信頼からも遠ざけて，わたしたちと神との関係性を台無しにします．

　イエス・キリストにおいて，神はひとりの人間と成られました．イエスは，わたしたちの罪を赦すために十字架上で死なれ，その結果，わたしたちには「神との平和」（ローマの信徒への手紙 5 章 1 節）があります．イエスはわたしたちのために神への道筋を切り開いてくださり，信仰をとおして神との深い交わりを与え，わたしたちがイエスの名において祈ることができるようにしてくださっています．

　わたしたちの主イエス・キリストについて「キリストにあって，私たちは，キリストの真実により，確信をもって，堂々と神に近づくことができます」と述べているエフェソの信徒への手紙 3 章 12 節を註解するうえで，カルヴァンはこのように記しました．神の子どもたちには「神との平

和があり，喜び勇んで，自由に神に近づいていきます．同様に，この個所から私たちが結論づけるのは，真の祈りには確信が必要であるということ，またそれゆえに，確信こそが天上の御国の扉を開く鍵となる，ということです」[106].

　イエス・キリストだけが，祈りによって神に近づくことができるという確信をわたしたちに与えることができます．わたしたちは「私たちのために執り成してくださる」（ローマの信徒への手紙8章34節）イエス・キリストを介した親しい対話のもとで，神に呼びかけることができます．祈りにおいて，おどおどしたり，びくびくしたりする必要はありません．わたしたちは，カルヴァンに言わせれば，「喜び勇んで，自由に」[107]神に近づくことができます．なぜなら，わたしたちは「私たちの主イエス・キリストによって，神との間に平和を得て」（同5章1節）いるからです．

　なんという祝福！ イエス・キリストはわたしたちのために天の御国の扉を開いていてくださいます！

181

祈りのポイント

　イエス・キリストに集中しながら，自由に，喜び勇んで，神のもとに行くために，自覚的に祈りましょう．

---

〔106〕　『聖書註解書』エフェソの信徒への手紙3章12節より．
〔107〕　同上．

70 祈り続けること

　　いつの時代でも，わたしたちは生来，一度したことをすぐに忘れてしまう傾向にあります．しかし，わたしたちが立ち止まって考えてみれば，何度でもくり返しておこなう価値があることや，忍耐してでも達成する価値があることはたくさんあるとわかります．結果は，一度の試みの後にではなく，何度も何度も取り組んだ後にようやく現れます．

　　これは紛れもなく祈りについてもそういえます．エフェソの信徒たちは「すべての聖なる者たちのために，絶えず目を覚まして根気よく祈り続けなさい」（エフェソの信徒への手紙 6 章 18 節）と指導されます．祈りはたった一度そのときだけ献げて，忘れてしまってはなりません．祈りには忍耐 —— 他者のため，世界のため，そしてわたしたち自身のためにも，何度も何度も祈り続けること —— が強いられます．

　　カルヴァンは，この節について記した際に，この点を把握していました．「私たちは，生気を失くしてしまわないよう，快活に祈り続けていかなければなりません．私たちが望むことがすぐに得られるわけではなくとも，変わらぬ熱情をもって，私たちは祈り続けなければなりません」[108]．

わたしたちは忍耐強く祈り続けるために，このことを肝に銘じる必要があります．あることから別のことへと，祈りの中で次々と願いごとが去来するのは，わたしたちにありがちなことです．もしわたしたちが一度や二度の祈りの後，わたしたちが欲した答えが返ってこなければ，わたしたちは他の別なことを祈り始めるといった具合に変わっていきます．しかし，わたしたちの「熱情」と努力は変わってはなりません．わたしたちは祈り続けなければなりません！わたしたちは，祈りにおいて「即時的な結果」を神が自分たちに与えてくれるのを期待することはできません．何回でも，わたしたちは神に懇願しなければなりません．神が頑固で，あるいは渋って，わたしたちの祈りに答えてくださらないからではなく，神の御旨と聖断は，わたしたちのタイミングではなく，神のタイミングに即して実行されるからです．

　祈り続けることは，わたしたちにとって重荷となるべきではなく，むしろ，喜びとなるべきです．わたしたちは何度も……いいえ何度でも，神に近づくことができるのです！これこそわたしたちの喜びではありませんか！

ふりかえり のための 問い

　あなたが何かを何度も何度も祈ったときの状況を思い起こしましょう．その結果はどのようなものでしたか？祈り続ける間，あなたの心は萎えませんでしたか？

---

〔108〕『聖書註解書』エフェソの信徒への手紙 6 章 18 節より．

71　祈りに冷淡なとき

184

　　わたしたちにとって万事が順調に進んでいるときには，非常に多忙であったり，とても自己充足感に満ちたりていて，祈りを怠りかねません．わたしたちは神から祝福されていると感じたいものです．しかし，そのような祝福が，すべての祝福の源泉からわたしたちを遠ざけるなら，それは危険なことです．

　　パウロは，自分が訪問し，また手紙を書き送った教会のすべての人たちに ── 常に ── 熱心に祈るようにと説得した祈りの人でした．良いときも祈りなさい，悪いときも祈りなさいと．彼がフィリピの信徒たちに手紙を書いたとき，「あなたがた一同のために祈る度に，いつも喜びをもって祈って」（フィリピの信徒への手紙1章4節）いました．「私は，あなた方のことを思い起こす度に，私の神に感謝し」（同3節）ていると語りかけました．パウロはとても頻繁に，祈りによって彼らのことを思い起こしていました．

　　わたしたちは，他の人たちのために，彼らの人生の四季折々をとおして ── 彼らにとって万事が良いときも，悪いときも ── 祈り続けます．彼らの必要がわたしたちを祈りへと奮起させるはずです．カルヴァンがこう記したと

おりです．「もし，どんなときであれ，私たちが，差し迫った必要性に迫られていないと感じられるからといって，祈ることに淡泊だったり，本来私たちがあるべきよりも怠慢だったりするなら，どれほど大勢の兄弟たちが，多様かつ重大な苦痛によって精魂尽き果てて，心の底からの不安にさいなまれていることか，あるいは最悪の危険な状態にいることかと，私たちはすぐさま思いめぐらしましょう．もし私たちがその昏睡状態から目覚めなければ，私たちはきっと石の心をもっていることになります」[109]．

　わたしたちは他の人たちの窮状によって，祈りに駆り立てられます——そうでなければ，わたしたちは「石の心」の人になります．わたしたちが祈ることにおいて淡泊または怠慢なとき，わたしたちは他の人たちのことを思い起こさなければなりません！

ふりかえりのための問い

　他の人たちの必要なものについて，あなたがもっと気づけるようになり，そして，彼らのために祈ることへとあなたを駆り立てるにはどうしたらよいでしょうか？

---

〔109〕『聖書註解書』エフェソの信徒への手紙6章18節より．

72 誘惑に直面したときこそ祈りなさい！

　パウロによるフィリピの信徒への手紙は，キリスト者の信仰の喜び溢れる活力を伝えています！ この手紙の中で，パウロはフィリピの教会に対し一連の奨励を送ります．重要な奨励の一つは「何事も思い煩ってはなりません．どんな場合にも，感謝を込めて祈りと願いを献げ，求めているものを神に打ち明けなさい」（フィリピの信徒への手紙4章6節）です．わたしたちがいま直面している問題が何であれ，わたしたちは神に祈ることができ，そして，わたしたちが悩んでいることや思い煩っていることを，神に知っていただくことができます．

　わたしたちの思い煩いは誘惑でもありえます．思い煩いは神を信頼することからわたしたちを遠ざけ，わたしたちは，いま置かれている状況に翻弄されるようになります．カルヴァンはこう記しました．「私たちは，誘惑によって揺さぶられることのないように鋼鉄で造られているわけではありません．けれども，私たちの慰め，私たちの救済は，襲い掛かるすべての悩みを神の胸の中に置くこと，あるいはもっと端的に言えば，間違いなく，確信こそが，私たちの精神に平穏をもたらします．しかし，それは私たち自身

が祈りを実践する限りにおいてです。ですから，私たちが何らかの誘惑に襲われるときはいつでも，私たちは聖なる避けどころに逃れるために祈りに専念しましょう」[110]．

　わたしたちが何らかの誘惑に直面するとき，わたしたちは祈るべきです！神はわたしたちの祈りを聞き，わたしたちを助けてくださいます——そして，わたしたちが特に神の助けを必要とするときは，わたしたちが誘惑に襲われているときです．心配や不安がわたしたちを襲うとき，誘惑が神を信頼することからわたしたちを引き離そうとするとき，わたしたちは祈るべきです！わたしたちは一切の事柄を，わたしたちの祈りを聞き，わたしたちを助けてくださる神に——わたしたちが誘惑に襲われているそのただ中でも——引き渡すことができます．ですから，あなたも誘惑に襲われているそのときこそ，祈りましょう！

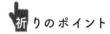 りのポイント

　誘惑を認め，祈りにおいてその誘惑を神に引き渡すことを一つの焦点としましょう．

---

〔110〕『聖書註解書』フィリピの信徒への手紙 4 章 6 節より．

XⅢ 【祈り】 ハバクク書3章1節

　全能の神，どうかお聞き入れください．ありがたいこと
に，私たちが，その御言葉によってあなたを知ることがで
きるようにされ，無知な者も理解できるよう私たちを，あ
なたの御許にまでも引き上げてくださいます．——ああ，
どうかお聞き入れください．私たちは自らの愚かさに留ま
り続けることなく，むしろ，すべての迷信を脱ぎ捨て，さ
らに自らの肉の思いのすべてを捨て去り，そして正しくあ
なたを捜し求めさせてください．どうか，私たちがあなた
の言葉によってあなたの確かなご支配のもとにおらせてく
ださい．私たちが純粋に，そして心からあなたを呼び求め
て，あなたの限りない力に依り頼ませてください．私たち
のこの世の戦いが終わりを迎えるそのときまで，私たちが
世界全体と，そしてまた，この世で敵対するあらゆるもの
を，怯まず退けることができますように．そしてついには，
あなたの独り子が御自身の血によって用意してくださった
あの祝福された憩いの中に，私たちを召し集めてください
ますよう，祈り願います．アーメン[111]

---

〔111〕『聖書註解書』ハバクク書3章1節の註解の後の祈り．

73 勤勉さと闊達さ

コロサイの信徒への手紙 4 章 1−4 節

まず、実際に聖書を開いて読みましょう！

　キリスト者が従うべき最も重要な教えの一つは，単純に「たゆまず祈りなさい」（コロサイの信徒への手紙 4 章 2 節）です．この言葉はコロサイの信徒たちにとって重要でしたし，今日のわたしたちにもそれは当てはまります．キリスト者の実践においてその取り組みの鍵となるのは祈りです……しかもたゆまず祈り続けることです．

　カルヴァンは，今日のわたしたちがほとんど使わないような二つの用語を用いて，この節について註解しました．彼はこう記しました．「パウロはここで，祈りにおいて二つのことを命じています．一つめが勤勉さ，二つめが闊達さ，あるいは熱心な集中です．なぜなら，パウロが〈たゆまず〉と言う時，彼は信徒たちに堅忍を促し，そして，（祈りにおいて）冷淡で元気のない人たちに〈目を覚まして〉いなさいと発破をかけます」[112]．

　「勤勉さ」とは，何かに関心を傾注し，それを一貫してやり続けることです．「闊達さ」とは，活き活きと臨機応変に対応する心がまえです．

---

〔112〕 『聖書註解書』コロサイの信徒への手紙 4 章 2 節より．

これらはよい指導ではないでしょうか？ わたしたちは
自らの祈りに注意をはらうはずです．わたしたちは慣習と
して祈ってはいませんし，祈りを軽々しく扱いません．も
しわたしたちが祈りに傾注するのであれば，祈りはわたし
たちにとっての最優先課題となるでしょう．わたしたちが
熱心に祈れば祈るほど，それは大きな関心事になることで
しょう．祈りはわたしたちにとって重要であるはずです
―― わたしたちがキリスト者として初めにすべきことの
一つであるはずです．

　わたしたちの祈りは活力に漲る心のありかたによって
―― 祈りへの熱誠や熱意によって ―― 特徴づけられてい
るでしょうか？ わたしたちは祈るときに強い願いを抱き，
そして，神との対話に進み入ることを熱烈に期待して，臨
んでいるでしょうか？ 祈りはわたしたちの信仰の「鼓動」
です．祈りは，わたしたちとわたしたちの主との現在進行
中の繋がりであり，この繋がりはわたしたちが他の何にも
勝って熱望するものであり，さらには，真に，わたしたち
キリスト者の生活に気力と活力を与えてくれるものです．

　わたしたちは忍耐強く祈り，熱心に祈りに心を打ちこみ
ます．わたしたちは勤勉に，また闊達に祈りに励んでいき
ましょう！

ふりかえり のための 問い

　よりいっそうたゆみなくかつ熱心に祈るために，あなたを
助けることができるものは何ですか？

74 感謝しなさい

　わたしたちは祈るとき，どのような態度で祈っているで
しょうか？　わたしたちに「絶えず祈りなさい」（テサロニ
ケの信徒への手紙一 5 章 17 節）と，パウロは言います．こ
れは，わたしたちには決して達成できない目標でもあるで
しょう．しかし，わたしたちが祈るとき，わたしたちの精
神状態はどうなっているのでしょうか？　祈るとき，神に
対するわたしたちの態度はどのようなものでしょうか？

　パウロはさらに続けて，「どんなことにも感謝しなさい．
これこそ，キリスト・イエスにおいて神があなたがたに望
んでいることです」（同 18 節）と言います．わたしたちが
置かれている状況がどのようなものであっても，たとえも
し神が速やかにわたしたちの祈りに答えてくださらない
としても，わたしたちの祈りはすべて —— 神が神である
がゆえに，そして神がしてくださってきたことのゆえに
—— 神に感謝することであると，わたしたちははっきり
とわきまえておくべきです．

　カルヴァンはこう述べました．「多くの人々が神に対し
てぶつぶつと不平をつぶやくようなしかたで祈り，神が自
分たちの願いに速やかには応じてはくれないかのように不

満を漏らします．しかしながら，相応しいことは，私たちの要望は抑制されるべきであり，その結果，私たちは自分たちに与えられるものに満足し，いつも自分たちの祈願に感謝を組み込めるようになることです．間違いないことですが，私たちは祈願し，実際には不満を述べ立て，不平をぼやいたりします．しかし，そのようなしかたでは，私たち自身の意志よりも，神の御心が，私たちに受け入れやすくなるようにされてきます」[113]．

わたしたちが祈るとき，わたしたちの態度はどうあるべきでしょうか？　わたしたちの精神状態，あるいは，神が祈りにどう答えてくださったかについて，わたしたちがそれをどう感じるかに関係なく，いつも感謝しなければなりません――「自分たちの祈願に感謝を組み込」まなくてはなりません．これが，キリストの内にあってわたしたちに対する神の御心です．わたしたちがもつものすべては――わたしたちが存在していることのすべてが――神のおかげです．感謝が，わたしたちのすべての祈りの中にあるべきなのは当然です！

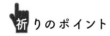

祈りのポイント

祈るとき，あなたがありがたいと思うたくさんの具体的な事柄があるのですから，神への感謝をもって祈りましょう．

---

〔113〕『聖書註解書』テサロニケの信徒への手紙一 5 章 17 節より．

75　わたしたちのための祈りを求める

　わたしたちは自己完結型の人間であるとしばしば考えています．わたしたちは自分の生活のあらゆる局面を管理しています．自分で管理できる範囲を超えた事柄にぶつかったときだけ，他者から ── あるいは神から ── 援助してもらう必要性を感じます．

　わたしたちはしばしば「あなたのために祈っています」と他の人たちに語ります．わたしたちは，彼らが置かれている状況がどのようなものであれ，彼らのために神の救いの源泉を喜んで祈り求めます．しかし，わたしたちはそれと同じように，このわたしたちのために祈ることを喜んで誰かに求めているでしょうか？これは，自発的に他者のために祈ること以上に，大胆さや気おくれをわたしたちにもたらすように思われます．わたしたちのために祈って欲しいと他者に求めることによって，わたしたちは自らの窮乏を認めることになるのです．自分が置かれた状況を打開するために，自分たち自身の力を超えた救いの源泉を捜し求めているのです．

　パウロは，自分のために祈るよう，教会の人たちに求めるのを恥ずかしがりはしませんでした．彼はこう記しまし

た.「終わりに，きょうだいたち，私たちのために祈って
ください」（テサロニケの信徒への手紙二 3 章 1 節）. 彼はテ
サロニケの信徒たちに「主の言葉が，あなたがたのところ
と同じように，速やかに広まり，崇められますように」と
祈るよう求めました.

　カルヴァンはこの節についてこう記しました. パウロは
「それによって神が私たちを進んで援助することを望んで
くださる，信仰者たちの祈りに注意をはらっていました.
相応しいのは，私たちもまた，彼の事例に従って，この助
けを願い求め，信仰の兄弟姉妹たちにこの自分たちのため
に祈って欲しいと願い求めることです」[114].

　教会において，わたしたちは他の人たちのために祈りま
す —— そしてわたしたちは他の人たちに，このわたした
ちのために祈って欲しいと求めます. 祈りの相互関係は，
キリストにおける，キリストとの，したがってお互いとの，
わたしたちの交わり —— 聖徒の交わり —— のしるしです.
なんという喜び！ 教会員であるということのなんという
祝福！

祈りのポイント

　数人であっても近くにいる人たちに，あなたのために祈っ
て欲しいと求めるとともに，あなた自身の日々の祈りの中に
彼らのことも加えましょう.

---

〔114〕『聖書註解書』テサロニケの信徒への手紙二 3 章 1 節より.

76 見ず知らずの人たちのために祈りなさい

テモテへの手紙一 2章1-8節

まず、実際に聖書を開いて読みましょう!

　わたしたちは他者のためにできることがたくさんあります．具体的に何ができるのかを考えながら，キリスト者としての人生を過ごしていきます．わたしたちは，自らの発言や行動をとおして，また，彼らの生活の全般にわたって，彼らに必要なさまざまなものを見出すことで，彼らに奉仕できます．

　カルヴァンは人々に施しをすること —— 彼らに金銭的に支援をすること —— と彼らのために祈ることを対比しました．施しは，誰かの窮乏に気づいていること，そして，それらの欠乏を満たそうと支援することを意味します．しかし，このことと祈りには違いがあるとカルヴァンは主張しました．なぜなら「私たちは完全に無縁で，見ず知らずの人たちのためにさえ，私たちと彼らとを隔てる距離が大きいにもかかわらず，祈りによって自由に支援できる[115]」からです．わたしたちは，見ず知らずの人たちのために祈ることができます．カルヴァンは，テモテへの手紙一 2章8節について註解した際に，「神はすべての人の共通の父な

---

〔115〕『キリスト教綱要』3.20.39. より．

のですから」, キリストにおいては異邦人とユダヤ人との間に違いなどない, と記述しました. これより前の, テモテへの手紙一2章1節「まず第一に勧めます. 願いと祈りと執り成しと感謝とをすべての人のために献げなさい」に関して, カルヴァンはこう記しました. 「公の祈りが献げられるときはいつでも, 祈願や祈りは, いまここで, 私たちと直接的なつながりのない人であっても, すべての人のためになされるべきです」.

　見ず知らずの人であっても, 他者のための祈りは牧会的なつとめの重要なひな形です. 他の人たちの具体的な窮状は, わたしたちにはわかりません. しかし, 神がご存じです. 祈りにおいて, わたしたちは他者への執り成しを差し出すことができます. わたしたちが見ず知らずの人たちのために祈る理由は, わたしたちと同様に, 彼らも神によって創造されているからです. わたしたちは人間どうしなのです. 神が彼らの窮乏を, それがいったい何であれ, 満たしてくださるよう, わたしたちは祈ります. 常に他者のために祈りましょう!

祈りのポイント

　あなたの知らない場所や状況にいる多くの人々について思いをめぐらしましょう. そして, 彼らのために祈りましょう.

---

〔116〕 『聖書註解書』テモテへの手紙一2章8節より.
〔117〕 『聖書註解書』テモテへの手紙一2章1節より.

77　安心して神に呼びかける

ヘブライ人への手紙4章14—16節

まず、実際に聖書を開いて読みましょう！

　16世紀にマルティン・ルターは「わたしはどうすれば恵み深い神を見出せるのか？」と問いました．神は聖であり，義であり，正しいお方です．ひとりの人間として，ルターは罪人でした．彼の罪は神から彼を引き離しました．神はどのようにして彼に対して恵み深くなれるのでしょうか？イエス・キリストを通して，神は罪人にとって恵み深いお方であることを，ルターは信じるに至りました．

　神はこの世を愛し，そして，わたしたちの罪の身代わりに死ぬためにイエス・キリストをお遣わしになりました．イエスは偉大な大祭司です．イエスはわたしたちの罪を赦すために神が受け入れてくださる犠牲として，ご自身を献げました．信仰の賜物をとおして，わたしたちは神の御眼に義と認めていただいています．神はキリストにおいてわたしたちに対して恵み深いお方です．ですから，「憐れみを受け，恵みにあずかって，時宜に適った助けを受けるために，堂々と神の恵みの座に近づこうではありませんか」（ヘブライ人への手紙4章16節）．

　カルヴァンはこう記しました．「神は私たちの味方であることがわかっているからこそ，私たちは安心して神に呼

びかけます. エフェソの信徒への手紙 3 章 12 節で述べら
れているとおり, これはキリストの慈しみのゆえに生じま
す. なぜなら, キリストが私たちをキリストへの信仰によ
り弟子として受け入れてくださるとき, キリストはご自身
のまったき善性をもって, 恐るべきものであるはずの神の
尊厳を覆ってくださり, その結果, 恩寵と父としての慈し
み以外に露わになるものは何もないからです」[118].

　神は恵み深いお方なのですから, 今やわたしたちは「安
心して神に呼びかけます」. わたしたちの祈りは, わたし
たちの大祭司, イエス・キリストをとおして, 神のもとに
届きます. わたしたちはキリストにおいて神と和解されま
す. わたしたちは祈りにおいて「熱心に, 恵みの御座に近
づく」ことができ, そして, わたしたちは必要な慈愛と恩
寵に満ちた助けを見出すことができます.

ふりかえりのための問い

　わたしたちの偉大な大祭司イエスが, あなたの祈りの生活
をよりいっそう深め, よりいっそう豊かにすることができる
のは, どのようにしてでしょうか?

---

〔118〕『聖書註解書』ヘブライ人への手紙 4 章 16 節より.

78 祈りに対するおぼろげな応え

ヘブライ人への手紙5章1-10節

まず、実際に聖書を開いて読みましょう!

　わたしたちの祈りに対する神の答えが鮮明に，素早く返ってくるときもあります．その他の場合には……そうではありません!

　しかし，そのときすぐにはわたしたちに明らかではなくても，神がわたしたちの祈りに答えようと働いてくださっていたことに，後になってから気づくということはしばしばあります．神の御心はわたしたちが知りえない，または感知しえないしかたで働いています．神が，いつ，どのように，ご自身の意思を行使するかは自由です ―― それこそ，神がなさることです!

　たとえば，イエスが，この杯をわたしから取り除いてくださいと祈られたことを，わたしたちは知っています（マタイによる福音書26章39節を参照）．しかし，このお方が「祈りと願いを献げ」（ヘブライ人への手紙5章7節）たという事実にもかかわらず，イエスは自らの死を迎えました．しかし，このお方の死によって，わたしたちの救いがもたらされました．イエスの死をとおして，神はわたしたちを救うという目的を達成するために働いておられました．

　カルヴァンはこう言いました．「それがほとんどはっき

りしないときでさえ，神はしばしば私たちの祈りに答えてくださっています．神に何らかの厳重なルールを課すことは私たちのすることではありませんし，わたしたちが表出する精神構造や言語形態が何であれ，自分たちの嘆願は聞き入れなければならない，と神に押し付けるべきものではありません．けれども，神は私たちの救いに配慮するためのあらゆる手段において，私たちの祈りに答えてくださることを，神ご自身が証明されます．したがって，私たちには，表面的には祈りが拒否されたと思われるとき，もし私たちが願い求めるものすべてを神が私たちに与えてくださっていたなら，願ったよりも遥かに多くのものが与えられているのです〔119〕」．

201

　わたしたちの祈りが――はっきりとは――答えられていないときでさえ，神はわたしたちを助けていてくださいます．カルヴァンはこう述べました．「したがって，私たちには，表面的には祈りが拒否されたと思われるとき，もし私たちが願い求めるものすべてを神が私たちに与えてくださっていたなら，願ったよりも遥かに多くのものが与えられているのです」．神に感謝します！

ふりかえりのための問い

　答えていただけなかったと思っていたあなたの祈りが，結局のところ，どれほど神があなたの人生において働かれていたか，後になって気づいたのはどのようなときでしたか？

---

〔119〕『聖書註解書』ヘブライ人への手紙 5 章 7 節より．

XIV 【祈り】 ゼファニヤ書1章12節

　全能の神，どうかお聞き入れください．世界中のほとんどが浪費に暴発し，節度も分別もないありさまです．どうかお聞き入れください．あなたが認め，命じられた制限にとどまることができずに，この世の富や名誉，そして享楽がすべての人の心と精神を虜にし，自らを天へまで高め，公然とあなたに戦いを挑もうとするかのようなありさまの中で，私たちに割り当てられた最小限のものを喜び，誇りにすることを学んでいけますように．どうか私たちの願いをお聞き入れください．私たちに割り当てられた分が限られている中でも，私たちが最悪の惨状に陥るときでさえ，あなたが解放者となってくださることを決して疑いませんように，あなたの力に満ちた御手のもとで謙遜にならせてください．生も死も支配する力はあなたから来るものであり，しかも，私たちに何が保証されているのかを十分に感得し，私たちを襲ってくるどんな苦悩も，あなたの義の裁きに由来しているのですから，私たちは悔い改めへと導かれ，日毎に悔い改めながら，ついには，私たちの主キリストをとおして，天上で私たちのために備えられている祝福の想いへと至るまでへりくだり，自らを鍛えあげさせてください．アーメン[120]

---

〔120〕『聖書註解書』ゼファニヤ書1章12節の註解の後の祈り．

79　キリストの執り成しが
　　わたしたちの祈りを聖別する

　祈りは，その中でわたしたちがイエス・キリストをとおして神に自らの心の内奥の思いを露わにする，神学的ないとなみです．イエス・キリストは，神の御前で，御自身の民であるわたしたちのために執り成してくださる（ローマの信徒への手紙 8 章 34 節を参照）「偉大な大祭司」（ヘブライ人への手紙 4 章 14 節）です．

　わたしたちの祈りはイエス・キリストの執り成しをとおして神の御許に至ります．キリストが御自身を，わたしたちの罪のための犠牲として献げてくださいました（同 2 章 17 節）．キリストにおいて，これまでの犠牲の手段のすべてがもはや無力となりました．なぜなら，彼の犠牲は「ただ一度でこれを成し遂げられたからです」（同 7 章 27 節）．

　今や，キリスト者として，わたしたちが「絶えず」祈り（テサロニケの信徒への手紙一 5 章 17―18 節を参照），神に感謝するとき，わたしたちは「賛美のいけにえ」（同 13 章 15 節）として自らを献げます．これが，神を礼拝する道筋であり，キリストにおいてしてくださったすべてのことのゆえに，わたしたちは神に感謝して神の慈愛を誉め称えます．

カルヴァンはこう主張します．「キリストの執り成しによって，汚れていたはずの私たちの祈りが聖別されます．ですから，使徒は私たちに，キリストをとおして讃美のいけにえを献げるよう私たちに命じる一方で（ヘブライ人13:15），キリストの祭司性が私たちを執り成してくださらなければ，私たちの口は，神の御名の栄誉を歌うのに相応しいほどには十分に清くないことを警告します」[121]．

　これはわたしたちが祈るうえでの最強の保証です！　イエスは神の御前でわたしたちのために執り成すことによって，わたしたちの祈りを聖別してくださいます．神は，わたしたちの救い主であり大祭司であるイエス・キリストをとおして，わたしたちをご覧になり，わたしたちの祈りを聞いてくださいます．わたしたちは神から祈るよう命じられ，祈るよう促されています．神はわたしたちが思い，祈りにおいて口にするすべてを，「ご自身をいけにえとして献げて」（同9章26節）わたしたちの罪を取り除いてくださったイエス・キリストをとおして受け入れてくださいます．神に祈り，神を讃美しましょう！

ふりかえりのための問い

　神の御前でわたしたちのために執り成してくださる大祭司としてのキリストが果たす務めとは，あなたにとってはどういうものでしょうか？

---

〔121〕『キリスト教綱要』3.20.28. より.

80 希望を抱いて神の恵みを尋ね求める

　ヤコブは「あなたがたの中で知恵に欠けている人があれば，神に求めなさい．そうすれば，与えられます．神はとがめもせず惜しみなくすべての人に与えてくださる方です．少しも疑うことなく，信じて求めなさい」(ヤコブの手紙1章5-6節) と教えています．神に「信じて求めなさい」というわたしたちに対する彼の言葉は，この具体的な祈りを超えて広がっていき，わたしたちの祈りのすべてに当てはまります．

　わたしたちが祈るのは，わたしたちが神を仰ぐからです．わたしたちは —— どんな種類のものであれ —— あらゆる助けを求めて，神を仰ぎます．わたしたちが神から最も必要とする助けは，神の恵みです．わたしたちは神の恵みを受けるために祈り，そして信仰において祈るとき，わたしたちは神の恵みを授かります．信仰がなければ，わたしたちの祈りは何も役立ちません．カルヴァンが註解したとおり「わたしたちの祈りは，神が約束してくださった恵みのゆえに，わたしたちが希望を抱いて神に目を向けることの証しです．神の約束への信仰をもたない人の祈りは，そのふりをしているだけです」[122]．

カルヴァンはさらにこう続けました.「神の約束に基づく信仰こそ, 私たちが願い求めたことが授けられることを, 私たちに保証します. 結果的に, 信仰は, 神が私たちのためにもっておられる愛の信頼と確かさと連携しています[123]. 神が交わしてくださる約束に明らかなように, 信仰とは神への徹底した信頼のもとにあります. 聖書は一貫して, 神はわたしたちの祈りに答えると約束してくださっています (詩編91篇15節, イザヤ書65章24節を参照). 神の答えは, わたしたちに対する神の愛を明らかにします. わたしたちと神との関係の土台として, また神がわたしたちの祈りに答えてくださるその礎として, 神の愛の「信頼と確かさ」をもつことができます.

　わたしたちの祈りに対する神の答えは, ただ神の恵みから溢れ出てきます. わたしたちが祈るとき, 神は恵みをもって, わたしたちに答えようとしてくださっています. わたしたちが祈るとき, わたしたちは神の恵みを尋ね求めます——希望を抱きながら!

祈りのポイント

　必ず神の恵みを尋ね求めて祈りましょう. 特に, 救いに係わる場面で, 神が与えてくださる恵みのゆえに, 神を誉め讃えましょう.

---

[122]　『聖書註解書』ヤコブの手紙1章6節より.

[123]　同上.

81 神はいつでも祈りへ招いておられる

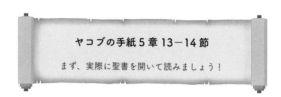

ヤコブの手紙5章13-14節

まず、実際に聖書を開いて読みましょう!

　ヤコブ書は，自分がおこなうことすべてにおいて，自ら
の信仰を表明するようにとわたしたちに呼びかける実践的
な書物です．祈りという主題に関しても非常に現実的です．
このように求めています．「あなたがたの中に苦しんでい
る人があれば，祈りなさい」（ヤコブの手紙5章13節）．こ
の手紙の著者は，苦難が人間の生活全体に染み渡っている
ことを知っていました．苦難が襲いかかるとき，わたした
ちにできる最善のことは，祈りによって神と向き合うこと
です．

　「祈りなさい」とはわたしたちの人生の折々に，とても
よい助言です．わたしたちは苦しいときに祈っているで
しょうか？ 苦難のような重大問題を抱えていないときは
どうでしょうか？ そのときわたしたちは祈りますか？ カ
ルヴァンはこう述べました．「神が私たちをご自分のもと
に招いてくださらないときなどありません．苦難は私たち
を祈りへと駆り立てるはずであり，成功も神を誉め称える
材料を提供せずにはいられません．ここには私たちが保ち
続けなければならないバランスがあります．普段，私たち
に神を忘れさせようとする歓楽は神の慈愛を宣言するよう

私たちを鼓舞すべきであり，悲しみは私たちに祈りの心を促進すべきなのです[124]」．

　わたしたちは自らの人生で，このバランスがとれているでしょうか？　わたしたちが人生を謳歌しているときも，苦難や悲しみを経験している最中と同じように，まず神を誉め称え，わたしたちに対する神の慈愛ゆえに神に感謝しているでしょうか？「シオンに安住し」（アモス書 6 章 1 節）ているとき，そして万事が順調なとき，わたしたちは神を喜びとしているでしょうか？　苦難が襲い掛かるとき，わたしたちはまず神の助けを求めて祈ろうとしているでしょうか？

　要するに，神はいつでも祈るようにと招いておられます．人生において —— 良きにつけ悪しきにつけ —— どんなことに直面しようとも，わたしたちは祈りにおいて神の御許に来るべきです．祈りをあなたの第一の本分にしましょう，何が何でも！

ふりかえり のための 問い

　あなたがさらに祈りたいと思うときは，万事が順調なときでしょうか，それとも順調にいかない悪いときでしょうか？　あなたが自分の祈りの生活の中でバランスを保つために何かできることはありますか？

─────────────

〔124〕『聖書註解書』ヤコブの手紙 5 章 13 節より．

82 他者の窮状に心を動かされる

ヤコブの手紙5章15—18節

まず、実際に聖書を開いて読みましょう！

　わたしたちの願望が，何度も何度もわたしたちを祈りへと駆り立てます．意義のある祈りはわたしたちの人生のそれぞれの実状を反映しているはずです．こうした諸々の実状に囲まれて，わたしたちが抱く願望や欲望があります．わたしたちは欲求するからこそ祈ります．

　しかし，カルヴァンは「絶えず祈りなさい」（テサロニケの信徒への手紙一5章17節）というわたしたちに対するパウロの命令を思い起こしながら，こう記しました．「私たちの願望が，私たちを祈りへと駆り立てるべきではないような瞬間は，私たちの人生にはありません．しかし，絶えず祈り続けるための別の理由があります —— すなわち，私たちの兄弟姉妹の窮状が私たちの心を動かして止まないのです．教会員の誰かが苦難の状況に置かれていないときや，私たちからの支援を必要としていないときが，はたしてあるでしょうか？」[125]．これはヤコブが「互いのために祈りなさい」（ヤコブの手紙5章16節）とわたしたちに示す指示に即応しています．

---

〔125〕『聖書註解書』エフェソの信徒への手紙6章18節より．

わたしたちは，他者の窮乏が満たされてほしいというわたしたちの願いを重ね合わせて，自らの願い事を注ぎ出すかのように祈ります。互いのためにわたしたちが祈るとき，わたしたちは彼らのために神の助けを願い求めます。彼らに必要なものはたくさんあって，しかも大規模なものです。他者の癒しのために祈るという文脈を背景として，ヤコブは互いのために祈りなさい，とわたしたちに命じています。しかし，彼らに必要なものが何であれ，本当に窮乏する彼らのために，わたしたちは祈ります。

カルヴァンに言わせれば，わたしたちは他者の窮乏に心を動かされるべきであり，またそれゆえに，わたしたちは彼らのために祈るべきです。わたしたちは，自らの教会共同体の内部の人たちのために祈るべきですし，同様に，わたしたちにとっては見ず知らずの人たちのためにも祈るべきです。わたしたちの周りにいる人たちが悩んでいないときや，わたしたちの助けを必要としていないときなど決してありません。他者のために祈ることで，彼らのために神の助けを探し求めます――そして，わたしたちが彼らを献身的に助けることをとおして，神が彼らを助けることができます。互いのために祈りましょう！

祈りのポイント

窮乏状態にあるあなたの知り合いをリストに書き出しましょう。祈るときに，このリストを用いましょう。彼らを助けてくださるよう，神に願い求めましょう。同様に，どうすればあなた自身が彼らを助けることができるかを祈り願いましょう。

83 信仰と希望において祈る

ペトロの手紙一 1 章 17―21 節

まず、実際に聖書を開いて読みましょう！

わたしたちの祈りには，神への嘆願が含まれています．わたしたちは，自分たちがせつに望んでいることを神に願い求めます――そして，わたしたちが信頼するのは，わたしたちに注がれる神の御心です．なぜなら，神は，御自身に祈り，嘆願するよう命じておられるのですから，神がわたしたちの祈りを聞き，答えてくださることを信じます．

わたしたちの祈りに答える意思と力を具えておられる神に，わたしたちは呼びかけます．わたしたちが救いを願い求めることによって，イエス・キリストにおいて神はその救いをわたしたちに与えてくださったということは真実であると，わたしたちは知ることができ，また信じています．キリストにおいて，わたしたちを救うことを神が強く望んでおられ，またその力があることを見出します．それはペトロがこう述べているとおりです．「あなたがたは，キリストを死者の中から復活させて栄光をお与えになった神を，キリストによって信じています．したがって，あなたがたの信仰と希望とは，神にかかっているのです」（ペトロの手紙一 1 章 21 節）．キリストにおいて，わたしたちは神に祈り，神から答えを授かります．

カルヴァンはこう言いました．「もしわたしたちが実り
豊かな祈りをしたいと望むならば，いや，そう望むからこ
そ，主が御自身の口で申し付け，すべての聖徒が自分たち
の範例によって教えているとおり，わたしたちが願い求め
るものは得られるというこの確証を，私たちは両手でしっ
かりと握りしめるべきです．なぜなら，言うなれば，信仰
を前提にして生まれ出で，希望に対する揺ぎない確信に基
づく祈りだけが神に受け入れられるからです」[126]．

信仰と希望は祈りにおいて互いに不可分に結びついてい
ます．わたしたちは信仰において，神が祈りを聞き，答え
てくださると信じながら祈ります．神が御自身の愛に満ち
た摂理において，わたしたちの祈りに答えてくださること
に対する信仰と信頼を言い表しながら，わたしたちが祈り
求めることに期待します．わたしたちが祈るとき，希望が
わたしたちに確証を与え，そして，信仰がわたしたちの希
望への信頼を表明します．信仰と希望において祈りましょ
う！

ふりかえりのための問い

あなたが祈るとき，信仰において，また希望において自分
は祈っていることを自覚しているでしょうか？　どのようにす
れば，この自覚があなたの祈りを鼓舞し，強めるでしょうか？

---

〔126〕『キリスト教綱要』3.20.12. より．

84　神の御心に従って祈りなさい

ヨハネの手紙一 5 章 14−17 節

まず、実際に聖書を開いて読みましょう！

　わたしたちは多くのことを祈り求めます．しかし，わた
したちが覚悟しておかなければならないことが一つありま
す．それは，わたしたちの祈りが常に，神の御心をおこな
うことを目当てとしているべきことです．わたしたちが祈
るとき，わたしたちは大きな確信を抱きます．神はわたし
たちの祈りを聞き，答えてくださいます．しかし，わたし
たちの要望は，神がわたしたちに求めていることに立ち帰
らなければなりません．このことを，わたしたちはヨハネ
の手紙一 5 章 14 節，「何事でも神の御心に適うことを願う
なら，神は聞いてくださる．これこそ，わたしたちが神に
抱いている確信です」に見ることができます．

　わたしたちが思いつくものは何であれ，神の御前に並べ
立てるということではありません．わたしたちの祈りのた
めに神がお決めになった「ルール」は，わたしたちの願い
求めることが神の御計画や目的に添うことです．わたした
ち自身は自分たちにとって何が最善であるのかわかりませ
ん．神がご存じです．ですから，わたしたちの祈りは，神
の御心に適うことを追求すべきです．カルヴァンはこう解
説しました．「神は御自身の温和なふるまいがこのように

嘲られるのをお許しにはなりません．むしろ，御自身の正当な権利を要求して，私たちの願いを御自身の支配下に置き，それらを制御されます．こういうわけで，私たちは『何事でも神の御心に適うことを願うなら，神は聞いてくださる．これこそ，私たちが神に抱いている確信です』（ヨハネ一5：14）というヨハネの言葉を固守しなければなりません[127]』．わたしたちが祈るときの嘆願は，わたしたちに対する神の御心に適ったものであるべきです．

　どうすればわたしたちは神の御心がわかるのでしょうか？　神はわたしたちに神の言——聖書——を与えてくださいました．神はご自分の御心をわたしたちに啓示するためにご自身の霊を与えてくださいました．わたしたちが祈るとき，神の御心を常に捜し求めることを心の底から強く求めるよう，自分たちの精神，心，そして意志を導いてくださるよう，わたしたちは願い求めるべきです．

ふりかえりのための問い

　どうすれば，わたしたちの祈りは神の御心を最優先に保つことができるでしょうか？

---

〔127〕『キリスト教綱要』3.20.5.より．

85 聖霊によって与えられる賜物

ユダの手紙 17−23 節

まず、実際に聖書を開いて読みましょう!

　　わたしたちは祈ることに怠慢になったり，関心を失うときがあります．このようなときがわたしたちに忍び寄って，わたしたちの祈りの生活が乏しくなっている —— あるいは休止状態ですらある —— ことにわたしたちになるべく気づかせないようにします．

　　このような「とき」には，わたしたちは聖霊が祈りにおいて果たしてくださる重要な役割を確認する必要があります．聖霊はわたしたちを祈りへと駆り立て，神の御座の前で（ローマの信徒への手紙 8 章 26 節を参照）わたしたちの祈りを深めてくださいます．ですから，祈るのが難しいときに直面したら，わたしたちは，聖霊がわたしたちを励まし，わたしたちの内に祈る心を奮起させてくださるようにと祈るべきです．

　　ユダの手紙は「聖霊によって祈りなさい」（20 節）と言います．この節についての註解の中で，カルヴァンはこう言及しました．「神の霊による覚醒がなければ，誰ひとり本来なすべき祈りを続けることができません」[128]．そして，

───────────────

〔128〕『聖書註解書』ユダの手紙 20 節より．

わたしたちは容易に「心を見失う」ことになり，聖霊が「わたしたちの内側に言葉を備えてくださる」までは，大胆に神を「父よ」と呼びかけることさえしません．それは「聖霊から，本当の関心，熱情，力強さ，熱心の賜物を授かり，私たちが必ずやこれらすべてに与れるという確信を授かり，そしてついには，パウロが手紙に記したように，語ることのできないようなうめき声も授かります（ローマ8：26）．ユダが実際に見事に言い表しているのは，聖霊が導いてくださらなければ，誰ひとり本来なすべき祈りをすることができないということです[129]」．

わたしたちの祈りに問題が生じたときには，わたしたちは神の霊に働いて―― 関心，情熱，力強さ，迅速さ，確かさといった霊の賜物をわたしたちに与えて――くださるよう願い求めることができ，そのようにして，わたしたちは祈ることができるようになります．聖霊がわたしたちを導いてくださらなければ，わたしたちは「本来なすべき」ようには祈ることができませんし，そもそも祈ることすらできません．聖霊があなたがたの祈りを導いてくださるよう，祈り求めましょう！

祈りのポイント

神の霊があなたを祈りへと導き，あなたの祈りを導いてくださるよう願い求めることに，特に努力を傾けましょう．

---

〔129〕 同上．

XV 【祈り】 ゼカリヤ書3章4節

　全能の神，どうかお聞き入れください．あなたはご自身
の独り子において私たちを王家の血を引く祭司にしてくだ
さっているのですから，私たちが日々，あなたに霊的な犠
牲を献げ，そして，心も体もあなたに献身することができ
ますように．どうかお聞き入れください．私たちが，あな
たの力によって耐え忍びながら，大胆にサタンに抗して戦
い，私たちが多くの苦難や困難を潜り抜けていかなければ
ならないとしても，あなたが最終的に勝利をもたらしてく
ださることを決して疑うことがありませんように．そして
どうか，この世での侮蔑が私たちを脅かすことも，落胆さ
せることもありませんように．むしろ，自分たちに向けら
れる非難のすべてを，私たちが辛抱強く耐え抜くことがで
きますように．ついには，あなたが，その栄光へと私たち
を引き上げるために，あなたが御手を延べ，私たちの頭（な
るキリスト）においていまや明らかにされた完全が，その
成員すべての中で，その（キリストの）体全体の中で，はっ
きりと目に見えるようにしてくださるときにまで，さらには，
御自身の血によって私たちのために備えてくださっている，
あの天の御国の中へと私たちを召し集めるためにキリスト
が到来されるときにまで至らせてください．アーメン[130]

---

〔130〕『聖書註解書』ゼカリヤ書3章4節より．

訳者あとがき

　本書は Donald K. McKim, *Everyday Prayer with John Calvin*,
P&R, 2019. の翻訳です．日本で刊行されたマッキム氏の書
物は本書で9冊めとなります．直近の訳書は，2017年の
秋に刊行された拙訳の『宗教改革の問い，宗教改革の答え
——95 の重要な鍵となる出来事・人物・論点』（一麦出版社）
ですが，それ以降，現在までにマッキム氏が刊行した書物
は本書以外に下記のものがあります．

- *Mornings with Bonhoeffer: 100 Reflections on the Christian
  Life*, Abingdon Press, 2018.
- *Breakfast with Barth: Daily Devotions*, Cascade Books, 2019.
- *Conversations with Calvin: Daily Devotions*, Cascade Books,
  2019.
- *Everyday Prayer with the Reformers*, P&R, 2020.

　本書を含め，近年のマッキム氏の書物にみられる傾向は，
信徒向けの神学的黙想書が多い点です．上記の三冊も，ボ
ンヘッファー，バルト，そしてカルヴァンといった著名な
神学者たちに注目し，彼らの言葉を引用しながら，その思
想を簡潔に解説し，今日の文脈に適用するというしかたで
まとめられています．特に本書は「祈り」に関連する聖書
の言葉，それに対するカルヴァンの註解書の解説，あるい
は『キリスト教綱要』での祈りに関する解説を集約し，今

を生きるキリスト者にとって祈りとは何かを考えさせるとともに，祈りの実践へとわたしたちの背中を押してくれる書物です．数々の書評の言葉が本書の特徴や内容を適切に言い表しています．本書をとおして，おもにキリスト教の信徒の方々が，祈りに関するカルヴァンの基本的な神学思想を理解するとともに，信仰生活の中心である祈りについての基本姿勢を正しつつ，より一層「祈る人」になることが期待されます．

　本書の翻訳の経緯について，少し言及します．原書が2019 年の冬にアメリカで刊行された際，マッキム氏本人から，本書の刊行の知らせとともに，本書を日本語に訳さないかとのお誘いの電子メールがわたしのもとに届きました．本書は刊行前から既に韓国語訳やスペイン語訳など英語以外の言語での出版計画が事前に承認されて進行していたものの，そこには日本語が含まれていなかったことにマッキム氏が気づき，彼の複数の本をこれまで日本語に訳していたわたしに刊行の可能性を見出したからでした．メールが届いたちょうどその頃，わたしは 2020 年の夏にカルヴァンが宗教改革をおこなったジュネーヴを訪問し，併せて南独のオーバーアマガウでの受難劇を鑑賞するツアーへの参加登録をしていたこともあり（その後，当然ながら，ツアーはキャンセルとなりました），マッキム氏に快諾の返事をしました．しばらくの間は翻訳に手が回りませんでしたが，自分の仕事がある程度ひと段落ついた 2020年 2 月中旬頃から翻訳に着手しました．折しも，豪華客船ダイヤモンド・プリンセス号での感染者が急増するなど，

日本の全国各地で新型コロナウィルス（COVID-19）の感染者のニュースが連日報道されはじめた時期でした．その後，受難節に入り，日本以上に欧米をはじめ，世界における感染の問題が深刻さの度合いを日毎に深めていく最中，日毎に本書を読み続け，翻訳しました．

　本書には「苦難」「試練」「逆境」「嘆き」「恐怖」「窮状」「誘惑」等，わたしたちが経験する内的・外的なさまざまな苦境を表現する言葉が数多く登場します．今まさに人類が現在進行形で直面する歴史的な苦境の中，わたしたちはキリスト者としていかに祈るべきかが改めて問われているように思われます．新型コロナウィルスの世界的大流行(パンデミック)に対し，祈りは決して無力ではありません．その確信は，本書を読み進めるにつれてますます強められることを，訳者として期待せずにはおれません．

　この度も，日本基督教団大阪南吹田教会の牧師である秋山英明先生に，刊行前の拙い訳文に目をとおしていただき，数々の助言をいただきました．それらの助言によって，本書の日本語を原文に照らして改めて磨き直されて，こうして読者の皆様のお手元に届けられるようになりました．牧師として訳者の大先輩である秋山英明先生の度重なる御助力に対し，心から感謝いたします．

　本書の訳は，これまで同様，全体的に口語調の文体で整えました．また，カルヴァンの註解書および『キリスト教綱要』からの引用文は，マッキムが引用した英訳版をそのまま口語調に訳していますので，既に刊行されている日本語版とは，表現の言い回しの点で違いがあります．そのた

め，十分に至らない点もありますが，その責任は訳者にあり，読者のお許しを請いつつ，ご叱正をお願いいたします．

　本書の本文中に引用した聖書の言葉は，原則的に，2018年に日本聖書協会から刊行された『聖書協会共同訳』を採用しました．訳者も含め，多くの方が『新共同訳』に慣れ親しんでいると思いますが，本書をとおして，両者を読み比べながら，翻訳の相違点や共通点を発見する機会にもなればと思ったからです．

　今回も本書の出版を快く引き受けてくださったのは一麦出版社でした．西村勝佳氏にはいつもお世話になり，心から感謝いたします．

　このコロナ禍の中，すべての人にエールを込めて，希望をもって主の助けを祈りつつ．

Soli Deo Gloria.

　2020 年 4 月 受難週に記す
　日本国政府により「緊急事態宣言」が発出された只中で

　　　　　　　仙台市にて　原田浩司

ドナルド K. マッキム

カルヴァンと共に祈る日々

発行...........2020 年 9 月 25 日　第 1 版第 1 刷発行

定価...........［本体 2,000 ＋消費税］円

訳　者........原田浩司

発行者........西村勝佳

発行所........株式会社一麦出版社

　　　　　　札幌市南区北ノ沢 3 丁目 4 − 10　〒005 − 0832
　　　　　　TEL（011）578 − 5888　FAX（011）578 − 4888
　　　　　　URL https://www.ichibaku.co.jp/
　　　　　　携帯サイト http://mobile.ichibaku.co.jp/

印刷...........株式会社総北海

製本...........石田製本㈱

装釘...........須田照生

フォーサイス　大宮溥訳
祈りのこころ

世代を超えて読み継がれているベストセラー．日々の祈りをさらに豊かにするために．若い人たちへのプレゼントに．

四六判　定価[本体1,800＋税]円

ドナルド・K.マッキム　原田浩司訳
長老教会の問い、長老教会の答え 2
——キリスト教信仰のさらなる探求

新たな問いに，前著で取り上げた問いにも視点を変えて，わかりやすく答える．信仰の足腰を鍛えるために．

A5判　定価[本体2,000＋税]円

久野牧
キリスト教信仰Q＆A

あなたの「素朴な疑問」に答えます！　求道者や信仰に入って間もない人，また信仰に関心をもち始めている人へのプレゼントに最適．

四六判　定価[本体1,800＋税]円

水垣渉・袴田康裕
ウェストミンスター小教理問答講解

小教理の言葉の意味と，問答のかみくだいた説明は，解説に留まらず豊かなメッセージに満ちている．教会の信仰を身につけるために．

A5判　定価[本体2,400＋税]円

澤正幸
長老制とは何か
増補改訂版

カルヴァンの聖書註解，『綱要』そしてカルヴァン神学の流れにたつ「フランス信仰告白」「ベルギー信仰告白」によって長老制の準拠枠を示す．

四六判　定価[本体1,200＋税]円

久野牧
＼JKに語る！／新約聖書の女性たち
——説教集

JKとは女子高校生．なんとかして高校生たちに福音を伝えたい，主イエスとの出会いが与えられるようにと願ってなされた説教．

A5判変型　定価[本体1,600＋税]円